Widmung

An Sie, den Leser, der sich mit offenem Herzen und offenem Geist auf diese Entdeckungsreise begeben hat. Auf diesen Seiten finden Sie mehr als nur Worte; Sie finden ein Spiegelbild Ihres eigenen Engagements für Verständnis, Wachstum und das Streben nach Spitzenleistungen. Ihr Streben nach Wissen und Ihre unerschütterliche Neugier sind ein Zeugnis für den grenzenlosen Forschergeist, der die Menschheit vorantreibt. An meine Studenten, vergangene, gegenwärtige und zukünftige: Jeder von Ihnen nimmt einen besonderen Platz in der Erzählung dieser Arbeit ein. Ihre Fragen, Herausforderungen, Träume und Bestrebungen haben diesem Projekt Leben eingehaucht. Sie sind der Pulsschlag hinter jeder Unterrichtsstunde, jedem Gedanken und jedem erforschten Konzept. Ihre Leidenschaft, Ihre Neugier und Ihr Durchhaltevermögen haben den Weg immer wieder erhellt und als Kompass und Leuchtfeuer gedient. Sie haben diese Arbeit nicht nur mit Ihren vielfältigen Perspektiven bereichert, sondern waren auch eine unerschöpfliche Quelle der Inspiration und Motivation. Dieses Buch ist eine Hommage an Ihre Reise und an den unbezwingbaren Geist des Lernens, der uns alle verbindet. Möge es Ihnen beim Vertiefen in seine Seiten den Weg erleuchten, Einsichten vermitteln und den Funken der Führungsstärke in Ihnen entzünden.

Einführung

Im komplexen Geflecht menschlicher Interaktionen sticht Führung als eines der am meisten untersuchten, verehrten und diskutierten Konstrukte hervor. Von den hallenden Fluren der Hochschulen bis hin zu den geschäftigen Korridoren der Unternehmen ist der Diskurs über Führung unerbittlich und entwickelt sich ständig weiter. Trotz zahlloser Seminare, Kurse und Bücher, die sich mit diesem Thema befassen, bleibt eine tiefgreifende Frage bestehen: Was ist der eigentliche Kern von Führung? Dieses Buch, "Empowerment from Within", versucht eine Perspektive aufzuzeigen, die im Lärm um Strategien und Techniken oft in den Hintergrund gerät - die Psychologie der Führung.

Die Psychologie ist ein weites und kompliziertes Gebiet, das tief in die Nuancen des menschlichen Verhaltens, der Emotionen, der Kognition und der Motivation eintaucht. Sie ist bestrebt, den Wandteppich unseres Geistes zu entwirren und die Fäden des Denkens, Fühlens und Handelns zu untersuchen, die unsere individuellen und kollektiven Erfahrungen miteinander verweben. Diese facettenreiche Studie gibt nicht nur Aufschluss darüber, warum wir so handeln, wie wir es tun, sondern bietet auch Einblicke in unser enormes, oft ungenutztes Potenzial.

Wenn man diese reichhaltigen Einsichten aus der Psychologie mit den Praktiken und Grundsätzen der Führung zusammenführt, ist das Ergebnis nichts weniger als transformativ. Diese Konvergenz bringt eine neue Dimension der Führung hervor - eine, die über bloße Managertaktiken oder strategischen Scharfsinn hinausgeht. Sie kündigt ein Führungsparadigma an, das auf einer tiefen Selbsterkenntnis, Empathie und einem tiefgreifenden Verständnis der menschlichen Dynamik beruht.

An diesem Schnittpunkt von Psychologie und Führung verfügen Führungskräfte nicht nur über Instrumente zur Beeinflussung und

Führung, sondern auch über einen Spiegel, in dem sie sich selbst betrachten und weiterentwickeln können. Indem sie die zugrundeliegenden Motivationen, Ängste, Wünsche und Bestrebungen von sich selbst und denjenigen, die sie führen, verstehen, können Führungskräfte Ansätze entwickeln, die auf einer zutiefst menschlichen Ebene ankommen. Dabei geht es nicht nur darum, die eigenen Führungsfähigkeiten zu verbessern, sondern auch darum, neu zu definieren, was Führung wirklich bedeutet.

Wenn Führungskräfte die Macht psychologischer Erkenntnisse nutzen, gehen sie über oberflächliche Interaktionen hinaus. Sie engagieren sich tief, kommunizieren authentisch und inspirieren aufrichtig. Sie sind in der Lage, nicht nur zu erkennen, was der Einzelne tut, sondern auch, warum er es tut, und erschließen so Wege für Wachstum, Zusammenarbeit und Innovation, die sonst verborgen bleiben würden. Die Verschmelzung von Psychologie und Führung verfeinert nicht nur die Führung, sondern erhebt sie zu einem zutiefst menschenzentrierten Unterfangen.

"Empowerment from Within" ist eine Odyssee in die menschliche Psyche, die im Kontext der Führung angesiedelt ist. Es ist eine Einladung, nicht nur die äußere Welt des Führens von Teams, des Treffens von Entscheidungen und der Beeinflussung von Ergebnissen zu erkunden, sondern auch die innere Welt der Werte, Emotionen und Kognitionen. Es geht darum, zu erkennen, dass es bei wahrer Führung nicht um Macht, Titel oder Hierarchien geht, sondern darum, Wachstum zu fördern, Leidenschaft zu entfachen und Potenziale zu nähren - sowohl bei sich selbst als auch bei anderen.

In diesem Buch durchqueren wir historische Landschaften, um zu verstehen, wie sich unsere Sichtweise auf Führung im Laufe der Zeit entwickelt hat und gesellschaftliche Veränderungen und neue Paradigmen widerspiegelt. Von der vorherrschenden Great Man (Person) Theory, die die inhärenten Führungsqualitäten romantisierte, bis hin zu den umfassenderen und ganzheitlicheren modernen Ansätzen, die Führung in ihren unzähligen Formen anerkennen, ist die Reise sowohl erhellend als auch transformativ.

Im Kern ist "Empowerment from Within" mehr als eine akademische Übung oder ein Kompendium von Führungstheorien und -konzepten. Es schöpft zwar aus einem reichhaltigen Fundus wissenschaftlicher Arbeiten, doch sein Kern liegt in seiner Anwendbarkeit. Dieses Buch ist ein praktischer Leitfaden, der sorgfältig auf die sich entwickelnde Dynamik unserer heutigen Welt zugeschnitten ist - einer Welt, die durch beispiellose Vielfalt, rasante technologische Fortschritte und eine sich ständig verändernde soziokulturelle Landschaft gekennzeichnet ist.

Die Führungskräfte von heute bewegen sich auf einem Terrain, das sich stark von dem früherer Generationen unterscheidet. Der Aufstieg digitaler Plattformen, globaler Netzwerke und sofortiger Kommunikation hat die traditionellen Grenzen verwischt und gleichermaßen Chancen und Herausforderungen mit sich gebracht. Es ist eine Welt, in der Entscheidungen in der Geschwindigkeit eines Tweets getroffen werden, in der sich Teams über Kontinente erstrecken und in der die Unternehmenskulturen so unterschiedlich sind wie der globale Teppich, aus dem sie schöpfen. Vor diesem Hintergrund ist das Verständnis der psychologischen Grundlagen menschlichen Verhaltens nicht nur ein Vorteil, sondern eine Notwendigkeit.

Dieses Buch beleuchtet mit den Augen der Psychologie die konkreten Herausforderungen, mit denen sich moderne Führungskräfte auseinandersetzen müssen. Vom Verständnis und der Steuerung des komplizierten Netzes der Gruppendynamik, in dem individuelle Motivationen und kollektive Ziele zusammenspielen, bis hin zu der oft entmutigenden Aufgabe, ethische Entscheidungen in einem Umfeld voller Grauzonen und moralischer Dilemmata zu treffen. Es geht nicht nur darum, "was zu tun ist", sondern auch darum, das "Warum" hinter Aktionen und Reaktionen zu ergründen, was den Führungskräften ein tieferes Verständnis und somit einen differenzierteren Ansatz ermöglicht.

Bei der Erforschung der Rolle der Persönlichkeit in der Führung entmystifizieren wir, wie angeborene und entwickelte Eigenschaften die eigene Führungspersönlichkeit formen. Das Erkennen der Lichtblicke, also der Qualitäten, die inspirieren und zu positiven Ergebnissen führen, ist ebenso wichtig wie das Erkennen der dunklen Schattierungen der Persönlichkeit, die, wenn sie nicht kontrolliert werden, den Fortschritt behindern oder, schlimmer noch, in die Irre führen können.

Da unsere globale Gemeinschaft immer stärker miteinander verwoben ist, werden die traditionellen Vorstellungen von Führung ständig in Frage gestellt und neu definiert. Die Vielfalt der Menschheit - mit ihren unzähligen geschlechtlichen Identitäten, kulturellen Hintergründen, Werten und Erfahrungen - erfordert eine Abkehr von einem pauschalen Führungsansatz hin zu einem integrativen und anpassungsfähigen Ansatz. "Empowerment from Within" setzt sich für einen Führungsstil ein, der individuelle Unterschiede nicht nur anerkennt, sondern sie auch würdigt und nutzt. In diesem Paradigma wird Vielfalt nicht als Herausforderung gesehen, die es zu bewältigen gilt, sondern als eine Fundgrube von Perspektiven, Erfahrungen und Stärken, die Teams und Organisationen zu neuen Höhenflügen verhelfen können.

Wir hoffen, dass dieses Buch wie ein Weckruf wirkt, der den dringenden Bedarf an einer Führung widerspiegelt, die nicht nur fachkundig, sondern auch einfühlsam und integrativ ist. Im Kern unterstreicht es die tiefe Bedeutung eines echten Verständnisses der menschlichen Psyche. In einer Welt, die von einer beispiellosen Vielfalt und Interkonnektivität geprägt ist, ist es für Führungskräfte unerlässlich, den reichen Teppich an Kulturen, Hintergründen und Perspektiven, den unsere globale

Gemeinschaft darstellt, nicht nur anzuerkennen, sondern von ganzem Herzen anzunehmen.

Mehr als eine bloße Zusammenstellung von Theorien und Konzepten ist "Empowerment from Within" ein Manifest für die Führungskräfte von morgen. Für jene Visionäre, die erkennen, dass Führung über hierarchische Rollen oder hochtrabende Titel hinausgeht, und sie stattdessen als heiliges Vertrauen, als unermüdliches Streben nach Wachstum und als Verpflichtung, etwas zu bewirken, betrachten. Es wendet sich an diejenigen, die bereit sind, Führung neu zu definieren, indem sie sie in den Prinzipien der Authentizität, der Selbstbeobachtung und der echten Verbindung verankern.

Durch das Eintauchen in die Tiefen der psychologischen Erkenntnisse sind Führungskräfte besser gerüstet, um die Komplexität des menschlichen Verhaltens, der Motivation und der Interaktion zu bewältigen. Wir hoffen inständig, dass Sie auf diesen Seiten dazu inspiriert werden, nicht nur mit strategischem Scharfsinn zu führen, sondern auch mit einem Herzen, das versteht, einem Ohr, das zuhört, und einer Vision, die zu erheben und zu stärken sucht.

Wenn Sie also die Seite umblättern, beginnen Sie nicht nur eine Lektüre - Sie begeben sich auf eine transformative Expedition der Selbstentdeckung, Erleuchtung und des Wachstums. Willkommen im Herzen der Führung, in der Seele der Befähigung, willkommen bei "Befähigung von innen".

Die Verbindung zwischen Psychologie und Führung

Der komplizierte Tanz zwischen Psychologie und Führung ist ein faszinierender. Beide Disziplinen befassen sich eingehend mit der Erforschung des menschlichen Verhaltens, wenn auch aus unterschiedlichen Blickwinkeln. Während es bei der Führung darum geht, Einzelne und Gruppen auf ein gemeinsames Ziel hin zu leiten und zu beeinflussen, versucht die Psychologie, die Mechanismen des menschlichen Geistes, der Emotionen und des Verhaltens zu verstehen.

Führung ist sowohl eine Kunst als auch eine Wissenschaft, und im Zentrum steht das Rätsel des menschlichen Verhaltens. In einer sich schnell verändernden Welt mit vielfältigen Herausforderungen und Chancen sind Führungskräfte, die die unzähligen Facetten des menschlichen Verhaltens wirklich verstehen, besser gerüstet, um mit Einfühlungsvermögen, Belastbarkeit und Flexibilität zu führen. Menschen sind komplexe Wesen, die von einem Cocktail aus intrinsischen und extrinsischen Motivationen, früheren Erfahrungen, kulturellen Hintergründen und persönlichen Bestrebungen angetrieben werden.

Die Psychologie der Führung befasst sich mit der Frage, wie psychologische Prozesse die Fähigkeiten, Verhaltensweisen und Eigenschaften von Personen in Führungspositionen beeinflussen. In diesem Bereich werden die zugrundeliegenden Mechanismen erforscht, die die Effektivität von Führungskräften bestimmen, darunter kognitive Prozesse, emotionale Intelligenz, Motivation, zwischenmenschliche Dynamik und Entscheidungsfindung. Durch die Untersuchung der mentalen und emotionalen Konstrukte, die dem Führungsverhalten zugrunde liegen, versucht die Psychologie der Führung zu verstehen, welche Eigenschaften und Verhaltensweisen eine Person zu einer effektiven Führungskraft machen und wie diese entwickelt und verbessert werden können. Sie befasst sich auch mit den Auswirkungen von Führungsstilen auf Gefolgsleute, Teams und Organisationen und zielt darauf ab, sowohl die Leistung von Führungskräften als auch den Gesamterfolg von Organisationen zu optimieren.

Das menschliche Verhalten verstehen

Für eine Führungskraft ist das Verständnis dieses Kaleidoskops menschlicher Antriebe von entscheidender Bedeutung. Wenn

Führungskräfte vorhersehen können, wie Teammitglieder in einer bestimmten Situation reagieren oder was sie zu Höchstleistungen motivieren könnte, können sie das Beste aus jedem Einzelnen herausholen.

Während ein Teammitglied beispielsweise durch öffentliche Anerkennung motiviert ist, könnte ein anderes durch persönliches Wachstum und Lernmöglichkeiten angetrieben werden. Das Erkennen und Eingehen auf diese Nuancen kann einer Führungskraft dabei helfen, ein Umfeld zu schaffen, in dem sich jeder Einzelne verstanden, anerkannt und motiviert fühlt, gemeinsame Ziele zu erreichen.

Psychologische Prinzipien bieten Einblicke in die Art und Weise, wie Menschen die Welt um sich herum wahrnehmen, wie sie Informationen verarbeiten und wie sie mit anderen in Beziehung treten. Die Kenntnis von Konzepten wie kognitive Dissonanz, Selbstwirksamkeit und Attributionstheorie kann für Führungskräfte von unschätzbarem Wert sein, wenn es darum geht, die Teamdynamik zu steuern, Herausforderungen zu bewältigen und ein positives Arbeitsumfeld zu fördern.

Ein Verständnis für menschliches Verhalten hilft Führungskräften auch bei der Konfliktlösung. Konflikte, die oft als Hindernisse angesehen werden, können tatsächlich transformativ sein, wenn sie gut gehandhabt werden. Wenn Führungskräfte die Ursachen von Konflikten verstehen, die oft in unerfüllten Bedürfnissen oder falschen Vorstellungen liegen, können sie die Kernprobleme angehen, was zu einem stärkeren Teamzusammenhalt und höherer Produktivität führt.

Kurz gesagt, ein tiefes Eintauchen in die Welt des menschlichen Verhaltens bietet Führungskräften einen Kompass, der sie bei ihren Interaktionen, Entscheidungen und Strategien leitet. In einer Welt, in der das Humankapital das wertvollste Kapital ist, heben sich Führungskräfte, die die Menschen wirklich "verstehen", von anderen ab und sorgen für beispiellosen Erfolg.

Im Zentrum der Führungsarbeit steht das komplizierte Geflecht der Entscheidungsfindung, ein Prozess, der oft von einer Kombination aus rationalen Analysen, Intuition, früheren Erfahrungen und kognitiven Verzerrungen geprägt ist. In der dynamischen und sich ständig weiterentwickelnden Landschaft von Unternehmen und Organisationen sind Führungskräfte häufig mit Situationen konfrontiert, die rasche und wirkungsvolle Entscheidungen erfordern. Diese scheinbar routinemäßigen Entscheidungen prägen oft den Verlauf von Projekten, beeinflussen die Organisationskultur und bestimmen sogar die langfristige Überlebensfähigkeit eines Unternehmens.

Psychologie

Psychologie ist die wissenschaftliche Erforschung des Geistes und des Verhaltens. Sie umfasst ein breites Spektrum an Themen, von grundlegenden Prozessen wie Kognition, Emotion und Wahrnehmung bis hin zu komplexeren Themen wie Persönlichkeit, menschliche Entwicklung, psychische Störungen und soziale Interaktionen. Durch systematische Beobachtung und Experimente zielt die Psychologie darauf ab, Denken, Fühlen und Verhalten in verschiedenen Kontexten zu verstehen, vorherzusagen und oft auch zu beeinflussen.

Führung

Unter Führung versteht man die Fähigkeit oder den Prozess, Einzelpersonen, Teams oder ganze Organisationen zu beeinflussen und zu leiten, um ein gemeinsames Ziel oder eine gemeinsame Aufgabe zu erreichen. Es geht nicht nur darum, eine Autoritätsposition innezuhaben, sondern auch darum, andere zu inspirieren, zu motivieren und ihnen eine Richtung vorzugeben, der sie folgen können. Führung umfasst verschiedene Stile und

Ansätze, und wirksame Führung erfordert oft eine Mischung aus persönlichen Eigenschaften, Fähigkeiten und situativer Anpassungsfähigkeit.

Kognitive Prozesse bei der Entscheidungsfindung

Einer der einflussreichsten Faktoren bei der Entscheidungsfindung ist die Art und Weise, wie unser Gehirn Informationen verarbeitet. Die kognitive Psychologie befasst sich eingehend mit diesen Prozessen und deckt die Mechanismen auf, die beeinflussen, wie wir wahrnehmen, denken, uns erinnern und entscheiden. Indem sie sich mit den Grundsätzen der kognitiven Psychologie vertraut machen, können Führungskräfte ihre Entscheidungsfähigkeiten schärfen und sicherstellen, dass ihre Entscheidungen fundiert und effektiv sind.

Betrachten Sie das Konzept der "Heuristik" - mentale Abkürzungen, die unser Gehirn verwendet, um Informationen schnell zu verarbeiten. Heuristiken können zwar die Entscheidungsfindung beschleunigen, aber auch zu Fehlern oder Verzerrungen führen. Führungskräfte, die sich solcher Voreingenommenheiten bewusst sind, wie z. B. der *Bestätigungsvoreingenommenheit* (sie bevorzugen Informationen, die ihre bereits bestehenden Überzeugungen bestätigen) oder dem *Verankerungseffekt* (sie verlassen sich zu sehr auf die erste Information, die sie erhalten), können Maßnahmen ergreifen, um ihrem Einfluss entgegenzuwirken, was zu ausgewogeneren und objektiveren Entscheidungen führt.

Ein weiteres relevantes Konzept ist der Framing-Effekt, der besagt, wie die Präsentation von Informationen unsere Entscheidungen beeinflussen kann. Eine versierte Führungskraft weiß, dass die Art und Weise, wie ein Problem oder eine Lösung dargestellt wird, die Wahrnehmung und die Entscheidungen drastisch verändern kann. Durch bewusstes Framing können Führungskräfte effektiver kommunizieren und Informationen so präsentieren, dass sie mit den Zielen und Werten der Organisation übereinstimmen.

Kognitive Überlastung, d. h. eine Situation, in der eine Person mit zu vielen Informationen überflutet wird, kann eine effektive Entscheidungsfindung behindern. Wenn Führungskräfte die Anzeichen einer kognitiven Überlastung erkennen, können sie Informationen straffen, wichtige Datenpunkte priorisieren und sicherstellen, dass Entscheidungen auf der Grundlage eines klaren und konzentrierten Verständnisses der jeweiligen Situation getroffen werden.

Für Führungskräfte ist es wichtig, ein Umfeld zu schaffen, das unterschiedliche Standpunkte und konstruktives Feedback fördert. Ein solches Umfeld kann als Schutz vor Tunnelblick oder Gruppendenken dienen, wo der Wunsch nach Konformität zu suboptimalen Entscheidungen führt.

Durch die Integration von Erkenntnissen aus der kognitiven Psychologie in ihren Entscheidungsfindungsprozess können Führungskräfte nicht nur ihre Entscheidungen gegen die üblichen Fallstricke absichern, sondern auch den Weg für innovative, strategische und vorausschauende Entscheidungen ebnen, die ihre Teams und Organisationen zu neuen Höhenflügen verhelfen.

Highlights der Verbindung zwischen Psychologie und Leadership

Das menschliche Verhalten verstehen
Eine wirksame Führung hängt von der Fähigkeit ab, menschliches Verhalten zu verstehen, vorherzusagen und zu beeinflussen. Führungskräfte stehen oft an der Spitze unterschiedlicher Teams, in denen jeder Einzelne eine Reihe einzigartiger Motivationen, Bestrebungen und Herausforderungen mitbringt. Indem sie sich psychologische Prinzipien zunutze machen, können Führungskräfte ihren Ansatz auf die individuellen Bedürfnisse jedes einzelnen Teammitglieds abstimmen und so sicherstellen,

dass sich jeder Einzelne wertgeschätzt fühlt und inspiriert wird, sein Bestes zu geben.

Kognitive Prozesse bei der Entscheidungsfindung
Die Entscheidungsfindung ist ein zentraler Aspekt der Führung. Jeden Tag treffen Führungskräfte Entscheidungen, die weitreichende Folgen für ihre Teams, Organisationen oder sogar ganze Gemeinschaften haben können. Ein Verständnis der kognitiven Psychologie kann Führungskräften unschätzbare Einblicke in die Art und Weise geben, wie sie Informationen verarbeiten, welche Vorurteile sie möglicherweise haben und vor welchen potenziellen Fallstricken sie sich in Acht nehmen sollten. Dieses Wissen kann dazu beitragen, dass Entscheidungen rational und unter ganzheitlicher Berücksichtigung aller Faktoren getroffen werden.

Emotionale Intelligenz
Auf dem Gebiet der Führung reichen technische Fähigkeiten oder strategischer Scharfsinn allein nicht aus. Führungskräfte müssen auch emotional gut eingestellt sein - sowohl auf sich selbst als auch auf die Menschen, die sie führen. Emotionale Intelligenz ermöglicht es Führungskräften, echte Beziehungen zu fördern, Konflikte mit Anmut zu bewältigen und eine Kultur des Vertrauens und des Respekts aufzubauen. Dies fördert nicht nur den Zusammenhalt im Team, sondern auch die Leistung und die Arbeitszufriedenheit.

Die Dynamik des Gruppenverhaltens
Bei der Leitung eines Teams geht es nicht nur um die Führung von Einzelpersonen, sondern auch um das Verständnis der komplexen Dynamik, die entsteht, wenn Menschen in einer Gruppe zusammenkommen. Die Sozialpsychologie bietet Einblicke in Phänomene wie Gruppenkohäsion, Gruppendenken und kollektive Entscheidungsfindung. Wenn Führungskräfte sich dieser Dynamik bewusst sind, können sie die Stärken der

kollektiven Weisheit nutzen und sich gleichzeitig vor potenziellen Gruppenvoreingenommenheiten oder Fallstricken hüten.

Zwischenmenschliche Beziehungen und Kommunikation
Das Herzstück der Führung ist die Kommunikation. Sie ist das Mittel, mit dem Visionen vermittelt, Strategien skizziert und Feedback gegeben werden. Auf der Grundlage von Kommunikationstheorien und -prinzipien können Führungskräfte sicherstellen, dass ihre Botschaften klar und überzeugend sind und bei ihrem Publikum ankommen.

Emotionale Intelligenz

Im Mosaik der Fähigkeiten, die eine effektive Führung ausmachen, ragt die emotionale Intelligenz (EI) als eine der wichtigsten und transformativsten heraus. Während traditionell Führung durch die Linse der autoritativen Befehlsgewalt, der Entschlusskraft und des Fachwissens betrachtet wurde, erkennt die moderne Führungslandschaft die tiefgreifenden Auswirkungen von Emotionen auf menschliches Verhalten und organisatorische Ergebnisse an. Hier drückt die emotionale Intelligenz ihren unauslöschlichen Stempel auf.

Emotionale Intelligenz umfasst die Fähigkeit, die eigenen Emotionen zu erkennen, zu verstehen und zu steuern und gleichzeitig auf die Emotionen anderer einzugehen und diese zu beeinflussen. Diese vielschichtige Kompetenz geht über das bloße Erkennen von Emotionen hinaus; sie steht für die Verbindung von Emotion und Kognition bei der Steuerung von Denken und Verhalten.

Führungskräfte, die über eine hohe emotionale Intelligenz verfügen, zeigen ein tiefes Verständnis für ihre emotionalen Zustände. Diese Selbsterkenntnis bildet die Grundlage für die Selbstregulierung. Anstatt sich von ihren Impulsen leiten zu lassen, können diese Führungskräfte ihre Reaktionen steuern und zeigen Geduld in schwierigen Situationen, Gelassenheit in Krisen und Widerstandsfähigkeit angesichts von Rückschlägen. Diese Fähigkeit ist von unschätzbarem Wert, da sie sicherstellt, dass emotionale Ausbrüche nicht die Entscheidungsfindung oder die Beziehungen beeinträchtigen.

Emotionale Intelligenz fördert das Einfühlungsvermögen und verleiht Führungskräften die Fähigkeit, die Emotionen ihrer Teammitglieder wahrzunehmen und nachzuempfinden. Solche Führungskräfte erkennen nicht nur die Beiträge ihrer Teams an, sondern verstehen auch deren Hoffnungen, Ängste und Sorgen.

Sie können das emotionale Klima in ihrem Unternehmen einschätzen und so Unzufriedenheit beseitigen, die Arbeitsmoral fördern und ein Umfeld schaffen, in dem sich jeder Einzelne wirklich gesehen und geschätzt fühlt.
Die Fähigkeiten der emotionalen Intelligenz kommen auch bei der Konfliktlösung zum Tragen. Konflikte, die oft mit emotionalen Untertönen behaftet sind, können eskalieren, wenn sie nicht mit Feingefühl angegangen werden. Eine emotional intelligente Führungskraft geht an solche Situationen mit offenem Geist und Herz heran, bemüht sich um Verständnis und sucht nach Win-Win-Ergebnissen, anstatt auf autoritäre Dekrete zurückzugreifen.

Emotionale Intelligenz begünstigt eine authentische Kommunikation. Führungskräfte mit hoher emotionaler Intelligenz sind in der Lage, Feedback auf konstruktive Weise zu geben und sicherzustellen, dass Kritik nicht als persönliche Beleidigung, sondern als Möglichkeit zum Wachstum verstanden wird. Ebenso sind sie empfänglich für Feedback über sich selbst und sehen es als Chance, zu lernen und sich weiterzuentwickeln.

In einer Zeit, in der Teamarbeit an erster Stelle steht, spielt emotionale Intelligenz eine Schlüsselrolle für die Teamdynamik. Führungskräfte, die die Prinzipien der emotionalen Intelligenz kultivieren und verkörpern, fördern Teams, die sich durch gegenseitigen Respekt, offene Kommunikation und kollaborative Synergie auszeichnen. Dies steigert nicht nur die Qualität der Arbeit, sondern auch die Arbeitszufriedenheit und die Mitarbeiterbindung.

Während technische Fähigkeiten und strategisches Denken nach wie vor ein wesentlicher Bestandteil der Führungsarbeit sind, ist die emotionale Intelligenz die Brücke, die die Führungskräfte mit ihren Teams, ihre Vision mit der Realität und ihre Ziele mit den Ergebnissen verbindet. Im Tanz der Führung ist emotionale Intelligenz der Rhythmus, der Harmonie, Tiefe und Resonanz in jede Bewegung bringt.

Die Dynamik des Gruppenverhaltens

Das Geflecht der Führung entfaltet sich nicht nur in der Interaktion zwischen Einzelpersonen, sondern vor allem in der Gruppendynamik. Die Führung eines Kollektivs ist eine vielschichtige Herausforderung, bei der sich das Verhalten, die Einstellungen und die Interaktionen der Einzelnen zu Mustern zusammenfügen, die oft komplexer sind als die Summe ihrer Teile. Indem sie sich mit den Nuancen des Gruppenverhaltens auseinandersetzen, können Führungskräfte das Potenzial ihrer Teams freisetzen, sie vor Fallstricken bewahren und sicherstellen, dass sie synergetisch auf gemeinsame Ziele hinarbeiten.

Ein grundlegender Aspekt des Gruppenverhaltens ist der Gruppenzusammenhalt. Er bezieht sich auf die Bande, die die Mitglieder zusammenhalten und ihnen ein Gefühl der Kameradschaft und des gemeinsamen Ziels vermitteln. Wenn der Zusammenhalt stark ist, neigen Teams dazu, besser zu kommunizieren, sich stärker für die Gruppenziele zu engagieren und die Moral zu steigern. Ein zu starker Zusammenhalt kann jedoch auch zu einem Wunsch nach Konformität führen, der Kreativität und Dissens unterdrücken kann. Führungskräfte müssen ein Gleichgewicht finden, indem sie den Zusammenhalt fördern und gleichzeitig unabhängiges Denken und Kreativität anregen.

Ein Nebenprodukt des übermäßigen Zusammenhalts ist das Phänomen des Gruppendenkens. Es tritt auf, wenn der Wunsch nach Harmonie in einer Gruppe zu einer unangefochtenen und schlechten Entscheidungsfindung führt. In solchen Szenarien werden abweichende Meinungen unterdrückt, und die Gruppe tendiert zu einem Konsens ohne gründliche Bewertung. Führungskräfte müssen die Anzeichen für Gruppendenken erkennen - wie das Fehlen von Dissens, das Gefühl der Unverwundbarkeit oder der unhinterfragte Glaube an die Moral der Gruppe - und aktiv daran arbeiten, unterschiedliche Standpunkte und offene Diskussionen zu fördern.

Die kollektive Entscheidungsfindung ist ein weiterer Eckpfeiler des Gruppenverhaltens. Wenn es richtig gemacht wird, werden die unterschiedlichen Fachkenntnisse und Perspektiven der Gruppenmitglieder genutzt, was zu besser informierten und ganzheitlichen Entscheidungen führt. Sie ist jedoch auch anfällig für Herausforderungen wie Polarisierung (wenn Gruppendiskussionen zu extremeren Standpunkten führen) oder die Dominanz einiger weniger lautstarker Mitglieder. Effektive Führungspersönlichkeiten fördern integrative Diskussionen und sorgen dafür, dass jede Stimme gehört wird und Entscheidungen im besten Interesse des Kollektivs getroffen werden.

Eine weitere faszinierende Dynamik ist das Phänomen des sozialen Faulenzens. Es deutet darauf hin, dass Einzelpersonen bei der Arbeit in einer Gruppe weniger Anstrengungen unternehmen als wenn sie allein arbeiten, vor allem weil sie glauben, dass ihr individueller Beitrag im kollektiven Ergebnis der Gruppe unbemerkt bleiben könnte. Führungskräfte können dem entgegenwirken, indem sie klare individuelle Verantwortlichkeiten festlegen, Beiträge regelmäßig anerkennen und ein Umfeld schaffen, in dem sich jedes Mitglied für den Erfolg der Gruppe verantwortlich fühlt.

Die Rolle der Führungskraft selbst beeinflusst die Gruppendynamik in hohem Maße. Das Verhalten, der Kommunikationsstil und der Entscheidungsfindungsansatz einer Führungskraft können entweder ein positives Gruppenverhalten fördern oder eine negative Dynamik verstärken. Ein partizipativer Führungsstil kann beispielsweise die kollektive Beteiligung und Eigenverantwortung fördern, während ein autokratischer Ansatz den Input unterdrücken und Ressentiments schüren kann.

Das Verständnis für die Feinheiten des Gruppenverhaltens ist für Führungskräfte, die die kollektive Kraft ihrer Teams nutzen wollen, von zentraler Bedeutung. Indem sie die Nuancen von Gruppeninteraktionen zu schätzen wissen, eine offene Kommunikation fördern und mögliche Fallstricke aktiv entschärfen, können Führungskräfte ihre Teams mit Harmonie und Effizienz zum Erfolg führen.

Führung lebt im Kern von den Beziehungen, die zwischen einer Führungskraft und ihren Anhängern aufgebaut und gepflegt werden. Diese Verbindungen werden zwar durch gemeinsame Ziele und Visionen gestärkt, basieren aber in erster Linie auf dem Fundament einer effektiven Kommunikation. Der Austausch von Ideen, Bestrebungen, Anliegen und Rückmeldungen ist das Lebenselixier einer jeden erfolgreichen Organisation. Die Beherrschung der Kunst und Wissenschaft der Kommunikation macht aus einer kompetenten Führungskraft eine außergewöhnliche Führungskraft.

Kommunikation ist der Schlüssel zur Führung

Kommunikation ist mehr als nur die Übermittlung von Informationen. Sie ist ein wechselseitiger Prozess, bei dem es darum geht, die Nuancen der verbalen und nonverbalen Signale zu verstehen. Für Führungskräfte kann jedes gewählte Wort, der verwendete Tonfall und sogar die Gesten, die ihre Worte begleiten, ihre Botschaft entweder verstärken oder ihre Wirkung mindern.

Wirksame Führungskräfte wissen, dass Zuhören genauso wichtig, wenn nicht sogar wichtiger ist als Sprechen. Aktives Zuhören, bei dem sich die Führungskräfte wirklich darauf konzentrieren, die Perspektiven und Anliegen ihrer Teammitglieder zu verstehen, schafft die Grundlage für Vertrauen. Es signalisiert den Teammitgliedern, dass ihre Erkenntnisse geschätzt werden, und fördert so ein Umfeld, in dem ein offener Dialog gedeiht.

Ausgehend von der Kommunikationstheorie können Führungskräfte die Grundsätze der Klarheit und Prägnanz übernehmen. Eine klare Botschaft ohne Jargon und Zweideutigkeit stellt sicher, dass die Teammitglieder sie richtig verstehen. Prägnanz wiederum sorgt dafür, dass die Kernbotschaft nicht in einer Flut von Informationen untergeht. Diese Grundsätze in Verbindung mit der Kunst des Geschichtenerzählens können eine Vision oder Strategie überzeugender und nachvollziehbarer machen.

Feedback, ein wesentlicher Bestandteil der Führungskommunikation, muss mit Einfühlungsvermögen und Präzision erfolgen. Konstruktives Feedback kann das Wachstum fördern, während schlecht vorgetragene Kritik die Teammitglieder demotivieren und entfremden kann. Durch den Einsatz von Strategien wie dem "Feedback-Sandwich" (bei dem Kritik zwischen positiven Kommentaren eingefügt wird) oder durch lösungsorientiertes statt problemorientiertes Verhalten können Führungskräfte Teammitglieder zur Verbesserung anleiten und gleichzeitig ihre Moral aufrechterhalten.
Ein weiterer wichtiger Aspekt ist das Verständnis der nonverbalen Kommunikation. Faktoren wie Körpersprache, Mimik und sogar die Distanz, die bei Interaktionen eingehalten wird, können viel

aussagen. Führungskräfte, die sich auf diese Hinweise einstellen, können das emotionale Klima in ihren Teams besser einschätzen und ihren Kommunikationsstil entsprechend anpassen.

In der heutigen globalisierten Welt ist es von größter Bedeutung, kulturelle und individuelle Kommunikationsunterschiede zu verstehen und zu respektieren. Da vielfältige Teams zur Norm werden, müssen Führungskräfte sensibel für kulturelle Nuancen sein und ihren Kommunikationsstil anpassen, um Unterschiede zu überbrücken und das Verständnis zu fördern. Der Tanz der Führung wird auf der Bühne der zwischenmenschlichen Beziehungen choreographiert, und effektive Kommunikation ist die Musik, die diesen Tanz leitet. Führungskräfte, die in die Verfeinerung ihrer Kommunikationsfähigkeiten investieren, ebnen den Weg für stärkere Verbindungen, reibungslosere Abläufe und ein engagierteres und inspirierteres Team.

Die Entwicklung der Führungslehre

Wie die meisten akademischen Disziplinen hat auch das Studium der Führung im Laufe der Zeit seinen Umfang, seine Methoden und seine Theorien weiterentwickelt. Ihre Ursprünge lassen sich bis in die alten Kulturen zurückverfolgen, wo Diskussionen über Führung oft in philosophischen Diskursen und religiösen Lehren verwurzelt waren. Der alte chinesische Philosoph Konfuzius beispielsweise dachte über die moralischen Grundlagen der Führung nach, während klassische Texte wie die indische "Bhagavad Gita" die Pflichten und Verantwortlichkeiten einer Führungspersönlichkeit im Angesicht von Widrigkeiten behandelten.

Mit dem Wachstum der Gesellschaften und der Entwicklung von Organisationen verlagerte sich das Studium der Führung von einem weitgehend philosophischen zu einem eher empirischen Bereich, in dem nach greifbaren Merkmalen und Mustern bei erfolgreichen Führungskräften gesucht wurde.

Zu Beginn des 20. Jahrhunderts wuchs das Interesse an der wissenschaftlichen Erforschung von Führungsqualitäten, wobei sich die Eigenschaftstheorie an die Spitze dieser Erforschung stellte. Da die Branchen expandierten und die Organisationsstrukturen immer komplexer wurden, entstand der dringende Bedarf, die intrinsischen Qualitäten zu verstehen, die Führungskräfte von Mitläufern unterscheiden. Dieses Streben nach Verständnis basierte auf der Überzeugung, dass bestimmte Personen über angeborene Eigenschaften verfügen, die sie für eine Führungsrolle prädisponieren, was die uralte Debatte über Natur und Erziehung im Bereich der Führung anheizte.

Die Ära der Eigenschaften in der Führungslehre

Die Ära der Charaktereigenschaften beruhte im Wesentlichen auf der Suche nach spezifischen, inhärenten Merkmalen, die effektive Führungskräfte auszeichnen. Die Forscher dieser Zeit führten umfassende Studien durch und analysierten sowohl historische Persönlichkeiten als auch zeitgenössische Führungspersönlichkeiten, um die wesentlichen Eigenschaften herauszuarbeiten, die als Synonym für Führungsqualitäten gelten.

Die Prämisse war einfach: Wenn man bei anerkannten Führungspersönlichkeiten eine Reihe konsistenter Eigenschaften identifizieren könnte, wäre es möglich, Führungsqualitäten vorherzusagen oder sogar zu kultivieren, die auf dem Vorhandensein dieser Eigenschaften basieren. Dieser Ansatz wurde durch die Überzeugung untermauert, dass bestimmte Personen aufgrund ihrer angeborenen Qualitäten einfach zur Führung prädestiniert sind - eine Überzeugung, die auf die antike Vorstellung vom "geborenen Führer" zurückgeht.

Es wurden zwar viele Eigenschaften vorgeschlagen und untersucht, aber einige stachen als durchgängig mit effektiver Führung verbunden hervor. Intelligenz erwies sich als entscheidender Faktor, da Führungskräfte häufig über die kognitive Fähigkeit verfügen, komplexe Situationen zu erfassen, Strategien zu entwickeln und fundierte Entscheidungen zu treffen. Selbstvertrauen war eine weitere zentrale Eigenschaft, die den Glauben der Führungskraft an ihre eigenen Fähigkeiten und ihre Fähigkeit, bei anderen Vertrauen zu wecken, hervorhob. Entschlossenheit wurde ebenfalls als unverzichtbar angesehen und unterstrich die Tatkraft, die Widerstandsfähigkeit und das unerschütterliche Engagement einer Führungskraft für ihre Vision. Darüber hinaus wurde Integrität als eine der wichtigsten Eigenschaften anerkannt, die den moralischen und ethischen Kompass hervorhebt, der die Führungskräfte bei ihren Interaktionen und Entscheidungen leitet.

Doch so einflussreich die Ära der Merkmale auch war, sie war nicht ohne Kritik. Mit der Zeit begannen Wissenschaftler, die Universalität dieser Eigenschaften in Frage zu stellen. War es wirklich möglich, eine endgültige Liste von Merkmalen zu erstellen, die für alle Führungspersönlichkeiten galt, unabhängig vom Kontext? Gab es keine Führungspersönlichkeiten, die von diesen allgemein anerkannten Merkmalen abwichen und dennoch auf ihre eigene Art und Weise effektiv waren? Diese Fragen markierten den Beginn einer Verlagerung von einer rein eigenschaftszentrierten Sichtweise der Führung hin zu differenzierteren Ansätzen, die situative und verhaltensbezogene Aspekte berücksichtigen.

Trotz ihrer späteren Entwicklung hat die Ära der Eigenschaften entscheidende Grundlagen für die Erforschung der Führung gelegt. Sie veranlasste eine rigorose Untersuchung des Wesens der Führung und inspirierte nachfolgende Generationen von Forschern, die facettenreiche Welt der Führungsdynamik, des Verhaltens und der Kontexte tiefer zu erforschen.

Das verhaltensorientierte Zeitalter der Führung

Die Entwicklung der Führungsforschung in der Mitte des 20. Jahrhunderts brachte eine Verlagerung von den starren Grenzen der angeborenen Eigenschaften zum dynamischeren Bereich der beobachtbaren Verhaltensweisen mit sich. Mit der zunehmenden Größe und Komplexität von Organisationen entstand die Notwendigkeit, nicht nur zu verstehen, wer die Führungskräfte waren, sondern auch, wie sie handelten. Die verhaltenswissenschaftliche Ära der Führung, die ihre Wurzeln in der aufkeimenden Organisationspsychologie hat, versuchte, genau diesen Aspekt zu berücksichtigen.

Dieser Perspektivwechsel ergab sich aus dem sich entwickelnden Verständnis, dass es bei der Führung nicht nur um bestimmte Eigenschaften geht, sondern dass sie maßgeblich von den Handlungen und Verhaltensweisen beeinflusst wird, die eine Führungskraft zeigt. Darüber hinaus bot diese Perspektive eine optimistischere und umsetzbare Sichtweise von Führung. Wenn Führung tatsächlich eine Reihe von Verhaltensweisen ist, dann kann sie erlernt, geübt und perfektioniert werden. So wurde der Begriff der Führung von einem exklusiven Bereich der "wenigen Auserwählten", die mit bestimmten Eigenschaften ausgestattet sind, zu einem Bereich, der für jeden zugänglich ist, der bereit ist, wirksames Führungsverhalten zu erlernen und zu übernehmen.

Im Mittelpunkt der verhaltensorientierten Ära stand die Identifizierung und Kategorisierung von Führungsstilen. Auf der Grundlage umfangreicher Beobachtungsstudien und experimenteller Forschung wurde das Führungsverhalten in verschiedene Stile eingeteilt, die sich jeweils durch eine Reihe einzigartiger Aktionen und Interaktionen auszeichnen.

Autokratische Führung

Dieser Stil zeichnet sich dadurch aus, dass die Führungskraft die Macht und die Entscheidungsfindung zentralisiert. Autokratische Führungspersönlichkeiten trafen ihre Entscheidungen oft einseitig und mit wenig bis gar keinem Input ihrer Untergebenen. Sie legten Wert auf Gehorsam, Struktur und Effizienz und führten oft mit harter Hand.

Demokratische Führung

Demokratische Führungskräfte hingegen legten Wert auf Beteiligung und Zusammenarbeit. Sie bezogen die Teammitglieder häufig in den Entscheidungsprozess ein, schätzten unterschiedliche Meinungen und förderten ein Umfeld, das von gegenseitigem Respekt und Vertrauen geprägt war. Dieser Stil beruhte auf der Überzeugung, dass kollektiver Input zu besseren Entscheidungen und größerem Engagement des Teams führt.

Laissez-faire-Führung

Dieser Führungsstil, der sich vom französischen Begriff "let do" oder "let it be" ableitet, zeichnete sich durch einen "hands off"-Ansatz aus. Laissez-faire-Führungskräfte gaben ihren Teams Autonomie und griffen nur minimal ein. Während dies bei selbstmotivierten Teams Innovation und Kreativität fördern konnte, konnte es bei anderen zu Orientierungslosigkeit führen.

Das Aufkommen dieser Stile bot den Unternehmen einen Rahmen, um Führungsqualitäten in ihren Reihen zu verstehen, zu bewerten und zu entwickeln. Anstatt nach Personen mit bestimmten Eigenschaften zu suchen, konnten Unternehmen nun potenzielle Führungskräfte darin schulen, effektive Verhaltensweisen zu übernehmen.

Wie die Ära der Persönlichkeitsmerkmale war jedoch auch der verhaltensorientierte Ansatz nicht ohne Probleme. Die ausschließliche Konzentration auf das Verhalten ohne Berücksichtigung des situativen Kontexts oder der zugrunde liegenden Eigenschaften konnte ein unvollständiges Bild ergeben. Unbestreitbar bereicherte die verhaltensorientierte Ära die

Führungsforschung, indem sie das Konzept einführte, dass Führung in vielerlei Hinsicht eine Fähigkeit ist, die es zu verfeinern gilt, und nicht nur eine angeborene Eigenschaft, die man besitzen muss.

Das situative Zeitalter der Führung

Mit der Entwicklung der Führungsforschung setzte sich zunehmend die Erkenntnis durch, dass es ein komplexes Zusammenspiel zwischen den Eigenschaften einer Führungskraft, ihren Handlungen und dem Umfeld, in dem sie agiert, gibt. Als die Grenzen sowohl des Eigenschafts- als auch des Verhaltensansatzes deutlich wurden, verlagerte sich der Schwerpunkt auf das Verständnis des situativen Kontexts der Führung. Dieser Übergang markierte die Geburtsstunde der Kontingenz- und Situationstheorien, die davon ausgingen, dass die Effektivität von Führungskräften nicht nur ein Produkt der Person oder des Handelns der Führungskraft ist, sondern auch der Umstände, in denen sie sich befinden.

Kontingenztheorie: Die von Forschern wie Fiedler entwickelte Kontingenztheorie besagt, dass der Erfolg einer Führungskraft nicht universell ist, sondern von der Übereinstimmung zwischen ihrem Stil und den Anforderungen der Situation abhängt. In Fiedlers Modell beispielsweise wurde die Wirksamkeit einer Führungskraft durch ihren Führungsstil und die Günstigkeit der Situation bestimmt. Führungskräfte wurden entweder als aufgabenorientiert oder als beziehungsorientiert eingestuft, und je nach den situativen Faktoren wie Beziehungen zwischen Führungskraft und Mitgliedern, Aufgabenstruktur und Positionsmacht konnte der eine Stil effektiver sein als der andere. Der Kerngedanke war, dass es nicht die eine "beste" Art zu führen gibt, sondern dass die Wirksamkeit eines Führungsstils vom Kontext abhängt.

Situative Theorie: Aufbauend auf den Grundlagen der Kontingenztheorie verfolgte die situative Führung einen dynamischeren Ansatz. Sie schlug vor, dass Führungskräfte ihren Stil an die Erfordernisse der Situation und die Bereitschaft oder Reife ihrer Mitarbeiter anpassen können und sollten. Die situative Theorie erkannte an, dass unterschiedliche Herausforderungen unterschiedliche Führungsreaktionen erfordern, und dass Führungskräfte, die diese Nuancen zu erkennen und sich darauf einzustellen wissen, effektiver sind. So benötigt ein neues Teammitglied vielleicht klare Anweisungen und eine enge Überwachung, während ein erfahreneres Mitglied mit Autonomie und einem partizipativen Führungsansatz besser zurechtkommt.

Das Aufkommen der Kontingenz- und Situationsanalyse trug entscheidend dazu bei, das Verständnis von Führung zu erweitern. Die Suche nach einer singulären, universellen Definition von effektiver Führung verlagerte sich auf die Anerkennung der Vielschichtigkeit des Führungserfolgs. Durch die Berücksichtigung des externen Umfelds und der situativen Dynamik brachten diese Theorien Nuancen und Tiefe in die Untersuchung von Führung und unterstrichen die Bedeutung von Anpassungsfähigkeit und Flexibilität in Führungsrollen.

Diese Ära veranlasste Führungskräfte und Organisationen auch dazu, introspektiver und analytischer vorzugehen. Anstatt lediglich vorgeschriebene Führungsverhaltensweisen zu übernehmen oder sich ausschließlich auf angeborene Eigenschaften zu verlassen, wurden die Führungskräfte nun dazu angehalten, ihr Umfeld zu bewerten, die besonderen Herausforderungen zu verstehen und ihre Vorgehensweise entsprechend anzupassen. Die Ära der Kontingenz- und Situationsanalyse brachte die Idee hervor, dass effektive Führung sowohl eine Kunst als auch eine Wissenschaft ist, die eine harmonische Mischung aus persönlichen Eigenschaften, Verhaltensweisen und einem ausgeprägten Verständnis des situativen Kontextes erfordert.

Das relationale Zeitalter der Führungsstudien

Die relationale Ära markierte einen entscheidenden Wandel in der Erforschung und im Verständnis von Führung, indem sie die Wechselbeziehung zwischen Führungskräften und ihren Anhängern betonte. Anstatt Führung als einen einseitigen Prozess zu betrachten, bei dem die Führungskräfte diktieren und die Gefolgschaft lediglich ausführt, unterstrich die relationale Perspektive den wechselseitigen und gemeinsam geschaffenen Charakter von Führung.

In dieser Ära wurde davon ausgegangen, dass Führung nicht nur in der Person einer einzelnen Führungskraft liegt, sondern sich aus den dynamischen Interaktionen zwischen Führungskräften und ihren Teammitgliedern ergibt. Unter diesem Gesichtspunkt ging es bei der Führung weniger um die Position oder den Titel, sondern vielmehr um die Qualität der Beziehungen, die gegenseitige Beeinflussung und die gemeinsame Konstruktion von Bedeutung und Richtung.

Mehrere Grundprinzipien kennzeichnen das Zeitalter der Beziehungen:

- Gegenseitige Beeinflussung: Führung wird als eine zweiseitige Straße betrachtet. Die Führungspersönlichkeiten beeinflussen die Gefolgsleute, aber die Gefolgsleute beeinflussen auch die Führungspersönlichkeiten. Die Dynamik dieses gegenseitigen Einflusses prägt die Richtung, die Prioritäten und die Ergebnisse eines Teams oder einer Organisation.

- Gemeinsames Ziel: Führungskräfte und Mitarbeiter haben eine gemeinsame Mission oder Vision. Es geht nicht nur um die Umsetzung der Vision der Führungskraft, sondern um die gemeinsame Definition und Verfeinerung dieser Vision auf der Grundlage des kollektiven Inputs.

- Interdependenz: Der Erfolg der Führungskraft ist untrennbar mit dem Erfolg der Gefolgschaft verbunden und vice versa. Jede Partei bringt einzigartige Stärken, Perspektiven und Werte mit, und die Anerkennung dieser gegenseitigen Abhängigkeit fördert den gegenseitigen Respekt und die Zusammenarbeit.

- Qualität der Beziehungen: Die Stärke und das Wohlergehen der Beziehungen werden zu einem Hauptindikator für die Wirksamkeit der Führung. Vertrauen, offene Kommunikation, Einfühlungsvermögen und aktives Zuhören werden zu zentralen Bestandteilen dieses Führungsansatzes.

- Ko-Konstruktion von Führung: Führung ist nicht nur eine statische Eigenschaft oder ein Verhalten, sondern ein fortlaufender Prozess. Sie wird in Echtzeit durch Interaktionen, Verhandlungen und gemeinsame Erfahrungen zwischen Führenden und Geführten ko-konstruiert.

In der relationalen Ära wurde die Führung fließender, organischer und anpassungsfähiger. Sie erkannte das reiche Geflecht menschlicher Interaktionen an, die das Rückgrat jeder Organisation oder jedes Teams bilden. Indem sie die Beziehungen in den Mittelpunkt der Führung stellte, unterstrich diese Sichtweise die tiefgreifende Wirkung gemeinsamer Bemühungen und die tiefgreifenden Ergebnisse, die sie erzielen können.

Die Entwicklung der Führungsforschung von ihren Anfängen in der Philosophie bis zu ihrem heutigen evidenzbasierten Ansatz unterstreicht die Komplexität von Führung als Konstrukt. Während wir uns weiter in den Bereich der klassischen Führungstheorien vorwagen, werden wir die Nuancen dieser Entwicklungen vertiefen und Verbindungen zwischen früheren Erkenntnissen und heutigen Anwendungen herstellen.

Übung: "Mapping Your Leadership Journey"

Zielsetzung: Die Selbstbeobachtung zu fördern und Ihnen zu ermöglichen, Ihre eigenen Erfahrungen mit Führung zu erkennen und zu artikulieren. Diese Übung soll Ihnen helfen, die zugrunde liegenden psychologischen Faktoren zu verstehen, die diese Begegnungen beeinflusst haben könnten.

Zeit zum Nachdenken: Nehmen Sie sich ein paar Minuten Zeit, um über Ihre persönlichen Führungserfahrungen nachzudenken. Erinnern Sie sich an Momente, in denen Sie eine Führungsrolle übernommen haben oder in denen Sie sich von der Führung einer anderen Person beeinflusst fühlten. Identifizieren Sie entscheidende, herausfordernde oder erhellende Erfahrungen.

Ihre Zeitachse der Führung: Skizzieren Sie auf einem Blatt Papier eine horizontale Linie, die Ihre "Leadership Journey Timeline" darstellt. Wählen Sie mindestens drei wichtige Momente oder Ereignisse aus Ihrer Vergangenheit aus, die in Bezug auf die Führung hervorstechen. Geben Sie über jedem Punkt eine kurze Beschreibung des Ereignisses. Halten Sie unter jedem Punkt die Emotionen oder Gefühle fest, die Sie mit dieser bestimmten Erinnerung verbinden.

Verknüpfung mit der Psychologie: Versuchen Sie, neben jedem Ereignis psychologische Faktoren herauszuarbeiten, die eine Rolle gespielt haben könnten. Wurde das Ereignis durch Aspekte wie Motivation, Gruppendynamik oder Kommunikationshürden beeinflusst? Waren irgendwelche kognitiven Verzerrungen im Spiel? Denken Sie über die internen und externen Faktoren nach, die eine Rolle gespielt haben könnten.

Erlernte Weisheit: Denken Sie über jedes Ereignis nach und notieren Sie eine wichtige Lektion oder Erkenntnis, die Sie in Bezug auf Führung gewonnen haben. Denken Sie darüber nach, wie diese Episode Ihre Wahrnehmung oder Ihren Führungsstil geprägt hat.

Interaktion in der Gruppe: Schließt euch mit ein paar Klassenkameraden zusammen und teilt ein Ereignis aus eurer Zeitleiste. Diskutieren Sie die psychologischen Elemente, die Sie herausgearbeitet haben, und die Lehren, die jeder von Ihnen daraus gezogen hat. Erkennen Sie als Team gemeinsame Themen oder Muster, die sich aus Ihren gemeinsamen Geschichten ergeben. Welche psychologischen Elemente tauchen am häufigsten auf? Gibt es Lektionen, die bei vielen von Ihnen auf Resonanz stoßen?

Konsolidierung der Klasse: Wir werden uns als Klasse neu gruppieren. Jedes Team kann seine identifizierten Themen oder Muster vorstellen. Gemeinsam werden wir untersuchen, wie sich diese persönlichen Geschichten mit dem breiteren Spektrum der Führungspsychologie überschneiden. Wie können persönliche Erzählungen Licht auf die akademischen Konzepte werfen, mit denen wir uns befassen werden?

Fortgesetzte Erkundung: Ich möchte Sie ermutigen, Ihre "Zeitleiste für die Reise in die Führung" aufzubewahren. Während wir diesen Kurs gemeinsam durchlaufen, sollten Sie sich Ihre Zeitleiste immer wieder ansehen. Wenn Sie sich mit neuen Konzepten und Theorien vertraut machen, finden Sie vielleicht zusätzliche Erkenntnisse, die Sie integrieren können, um Ihr Verständnis Ihrer einzigartigen Führungsreise im Kontext unserer akademischen Erkundung zu bereichern.

Kapitel 1: Klassische Führungstheorien

Das Konzept der Führung beschäftigt seit Jahrhunderten Wissenschaftler, Fachleute und Laien gleichermaßen. Der Drang zu verstehen, was eine Person zu einer Führungspersönlichkeit macht, während eine andere ein Mitläufer bleibt, ist ein Rätsel, das viele versucht haben, zusammenzusetzen. Von den epischen Heldengeschichten der alten Zivilisationen bis hin zu den modernen CEOs, die globale Konzerne leiten, ist Führung ein integraler Bestandteil der menschlichen Zivilisation. Die Neugierde, Führung zu entschlüsseln, hat im Laufe der Zeit zu zahlreichen Theorien geführt, von denen jede eine eigene Perspektive beisteuert.

In diesem Kapitel begeben wir uns auf eine Reise zu den grundlegenden Theorien der Führung, die unser Verständnis des Konzepts geprägt haben. Diese klassischen Theorien, die von der Idee der prädestinierten Führung bis hin zum komplizierten Gleichgewicht zwischen Eigenschaften, Verhaltensweisen und situativen Kontexten reichen, bieten einen reichen Fundus an Erkenntnissen. Sie bilden das Fundament, auf dem die heutigen Führungsparadigmen aufbauen. Durch die Beschäftigung mit diesen Theorien erhalten die Studierenden ein umfassendes Verständnis für die Vielschichtigkeit von Führung und die unzähligen Faktoren, die zu ihrer Wirksamkeit beitragen.

Der klassische Rahmen unterstreicht den Weg vom Verständnis der Führung als göttliche Gabe hin zur Erkenntnis, dass sie eine Mischung aus angeborenen Eigenschaften, erlernten Fähigkeiten und situationsbedingtem Scharfsinn ist. Es ist ein Zeugnis für die beharrliche Suche der Menschheit, das Rätsel der Führung zu entschlüsseln, und bietet Grundpfeiler, auf denen moderne Führungstheorien stehen und gedeihen. Bei einem Streifzug durch die Annalen der Führungsforschung werden die Studierenden erkennen, dass unsere Vorstellung von Führung nicht statisch ist, sondern sich mit jedem Jahrzehnt weiterentwickelt, angepasst und bereichert hat. Und während sich die Führungslandschaft weiter verändert, ist das Verständnis ihrer Ursprünge entscheidend für diejenigen, die die Führungskräfte von morgen sein wollen.

Die Theorie des großen Mannes (Person)

Die Theorie des großen Mannes entstand aus den Erzählungen und Geschichten von Helden, Kriegern, Monarchen und einflussreichen Persönlichkeiten, die überlebensgroß erschienen. Ausgehend von diesen Erzählungen glaubten die frühen Gelehrten, dass diese außergewöhnlichen Personen aufgrund ihrer einzigartigen Qualitäten für Führungsaufgaben prädestiniert waren. Die zugrundeliegende Annahme war, dass diese Qualitäten angeboren, selten und schon im frühen Leben offensichtlich waren und diese Personen auf ein Schicksal voller großer Errungenschaften hinwiesen.

Historische Persönlichkeiten wie Königin Elisabeth I., Julius Cäsar und Martin Luther King Jr. mit ihren unauslöschlichen Spuren in der Geschichte wurden oft als Beispiele für diese Theorie angepriesen. Ihre scheinbar angeborene Fähigkeit, zu führen, zu inspirieren und Veränderungen herbeizuführen, wurde als Beweis für ihr vorbestimmtes Führungsschicksal angesehen.

Doch so fesselnd diese Geschichten auch waren, es gab offensichtliche Grenzen dieser Perspektive. Die Theorie stützte sich stark auf heroische Erzählungen, wobei der Beitrag zahlloser unbesungener Helden oder der Kontext, der auf dem Weg dieser Führungspersönlichkeiten eine entscheidende Rolle spielte, oft außer Acht gelassen wurde. Außerdem spiegelte die geschlechtsspezifische Terminologie die gesellschaftlichen Vorurteile der damaligen Zeit wider und machte Frauen und andere Gruppen im Führungsdiskurs unsichtbar.

Im Laufe der Zeit, mit der gesellschaftlichen Entwicklung und der Vertiefung der Führungsstudien, wurde immer deutlicher, dass

Führung nicht nur eine Frage des Schicksals ist. Die Theorie des großen Mannes begann zu schwinden und machte Platz für differenziertere Sichtweisen, die die Rolle der Erziehung neben der Natur bei der Entwicklung einer Führungspersönlichkeit anerkannten. Das Vermächtnis der Great Man Theory bleibt jedoch bestehen, da sie die Grundlage für die Suche nach dem Geheimnis der Führung bildete und zu tieferen Untersuchungen und ganzheitlicheren Theorien anregte.

Eigenschaftstheorien

Der Wechsel von der deterministischen Sichtweise der Great Man Theory zu den Trait-Theorien markierte eine bedeutende Entwicklung in der Führungsforschung. Anstatt Führung als ein Geburtsrecht zu betrachten, schlugen die Eigenschaftstheorien vor, dass bestimmte unterscheidbare Merkmale oder Qualitäten als Prädiktoren für eine effektive Führung dienen können. Diese Perspektive entstand aus dem aufkeimenden Bereich der Psychologie, die versuchte, menschliches Verhalten durch empirische und wissenschaftliche Methoden zu verstehen.

Anfang und Mitte des 20. Jahrhunderts wurden umfangreiche Forschungsarbeiten durchgeführt, um diese Führungseigenschaften zu erfassen. Psychologen und Forscher setzten verschiedene Instrumente und Methoden ein, die von Beobachtungsstudien bis hin zu psychometrischen Bewertungen reichten, um bei erfolgreichen Führungskräften wiederkehrende Eigenschaften zu ermitteln. Zu den häufigsten Eigenschaften gehörten Anpassungsfähigkeit, Durchsetzungsvermögen, emotionale Stabilität und Problemlösungskompetenz.

Während einige Eigenschaften in den verschiedenen Studien immer wieder auftauchten, setzte sich die Erkenntnis durch, dass Führung vielfältig und komplex ist. Zwei Führungskräfte können beide effektiv sein, aber unterschiedliche Eigenschaften aufweisen. Diese Variabilität verdeutlichte den Einfluss kontextbezogener Faktoren - wie Organisationskultur, Teamdynamik oder gesellschaftliche Normen - auf die Wirksamkeit von Führung.

Ein weiterer Kritikpunkt war die mögliche Verzerrung bei der Identifizierung von Merkmalen. Eigenschaften, die in einer bestimmten Kultur oder einem bestimmten Kontext als "wesentlich" gelten, werden in einer anderen Kultur oder einem anderen Kontext möglicherweise nicht geschätzt oder sogar nicht anerkannt. Außerdem wurde durch die Konzentration auf Eigenschaften manchmal versehentlich die Bedeutung von Fähigkeiten, Wissen und Erfahrungen übersehen, die Führungskräfte im Laufe der Zeit erworben haben.

Trotz dieser Kritik trug der Trait-Ansatz dazu bei, die Führungsforschung in eine empirischere und systematischere Richtung zu lenken. Er lenkte die Diskussion weg von der Vorstellung einer vorbestimmten Führung hin zu der Idee, dass Führungspotenzial auf der Grundlage erkennbarer Eigenschaften identifiziert und möglicherweise kultiviert werden kann. Diese Sichtweise legte den Grundstein für spätere Theorien, die den facettenreichen Charakter von Führung untersuchten und dabei angeborene Eigenschaften mit erworbenen Fähigkeiten und kontextabhängigen Nuancen kombinierten.

Die Theorie des großen Mannes (Person)

In den Anfängen der Führungsforschung gehörte die Great Man Theory zu den am häufigsten vorgeschlagenen Konzepten. Diese Theorie, die im Glaubenssystem des 19. Jahrhunderts verwurzelt ist, besagt, dass Führungskräfte geboren und nicht gemacht werden. Der Name selbst deutet auf eine gewisse historische Voreingenommenheit hin, denn er impliziert, dass nur "große Männer" für eine Führungsposition geeignet sind. Mit dem Fortschritt der Gesellschaft wurde jedoch deutlich, dass Führungsqualitäten nicht nur einem Geschlecht oder einer bestimmten Art von Person vorbehalten sind. Diese Theorie basierte auf der Vorstellung, dass bestimmte Personen über angeborene Eigenschaften oder Charisma verfügen, die sie für Führungsaufgaben prädestinieren. Figuren wie Napoleon, Abraham Lincoln und Mahatma Gandhi wurden oft als Beispiele für "große Männer" angeführt. Diese Theorie war zwar ein Ausgangspunkt, wurde aber bald von umfassenderen Ansätzen überschattet, als sich die Forschung weiterentwickelte.

Eigenschaftstheorien

Aufbauend auf der Great Man Theory, aber abweichend von der Vorstellung einer prädestinierten Führung, entstanden Anfang des 20. Jahrhunderts die Trait-Theorien mit dem Ziel, spezifische Merkmale oder Eigenschaften zu ermitteln, die die Effektivität von Führungskräften vorhersagen können. Die Forscher machten sich auf die Suche nach bestimmten Merkmalen wie Intelligenz, Entschlossenheit und Selbstvertrauen, die erfolgreiche Führungskräfte auszeichneten. Die zugrundeliegende Annahme war, dass Personen mit der richtigen Kombination von Merkmalen von Natur aus in Führungspositionen herausragende Leistungen erbringen würden. Im Laufe der Zeit wurden verschiedene Listen mit "erwünschten" Eigenschaften entwickelt, obwohl man sich nie auf eine endgültige Liste einigen konnte. Dies ebnete den Weg für eine tiefere Erforschung des Themas Führung, die über die angeborenen Eigenschaften hinausging.

Verhaltensbasierte Theorien

Mitte des 20. Jahrhunderts verlagerte sich der Schwerpunkt von den Eigenschaften, die Führungskräfte besitzen, auf die Verhaltensweisen, die sie an den Tag legen. Die Verhaltenstheorien vertraten die Ansicht, dass effektive Führung ein Produkt erlernter Verhaltensweisen und nicht nur angeborener Eigenschaften ist. Die Wissenschaftler begannen, Führungsstile in Kategorien wie autokratisch (befehlend), demokratisch (partizipativ) und laissez-faire (unbeteiligt) zu unterteilen. Das Hauptziel bestand darin, festzustellen, welche Stile in verschiedenen Kontexten am effektivsten waren. In dieser Zeit begann man, Führung als eine Fähigkeit zu betrachten, die gelehrt und entwickelt werden kann, was zur Einrichtung zahlreicher Programme zur Entwicklung von Führungskräften führte.

Kontingenztheorien

Mit zunehmender Reife der Führungsforschung wurde immer deutlicher, dass weder Eigenschaften noch Verhaltensweisen vollständig erfassen können, was eine effektive Führungskraft ausmacht. Aus dieser Erkenntnis heraus entstanden die Kontingenz- oder Situationstheorien, die besagen, dass die Effektivität einer Führungskraft vom Zusammenspiel zwischen ihren Eigenschaften, ihrem Verhalten und dem Kontext, in dem sie agiert, abhängt. Das Umfeld, die Teamdynamik, die Organisationskultur und sogar externe Faktoren können den Erfolg eines Führungsansatzes beeinflussen. Es gab also keinen "Einheits-Führungsstil". Die Führungskräfte mussten sich an die einzigartigen Herausforderungen und die Dynamik der jeweiligen Situation anpassen.

Verhaltensbasierte Theorien

Mit der Entwicklung der Organisationsdynamik und der Teamstrukturen im 20. Jahrhundert veränderten sich auch die Paradigmen der Führung. Die aufkommenden Verhaltenstheorien verlagerten den Schwerpunkt von dem, was Führungskräfte sind (ihre Eigenschaften) auf das, was sie tun (ihr Verhalten). Dies stellte einen entscheidenden Wandel im Verständnis von Führung dar und unterstrich die Überzeugung, dass Führungsqualitäten mehr als nur angeborene Eigenschaften sind, sondern sich auch in beobachtbaren Handlungen und Verhaltensweisen manifestieren. Das Aufkommen der Verhaltenstheorien war gekennzeichnet durch umfangreiche Forschungsarbeiten zur Klassifizierung und zum Verständnis bestimmter Verhaltensweisen von Führungskräften. Die Forscher beschäftigten sich mit dem organisatorischen Umfeld, untersuchten Führungskräfte in Aktion und führten Interviews, Beobachtungen und Umfragen durch. Durch diese Studien wurde deutlich, dass Führungskräfte dazu neigen, Muster in ihrem Führungsverhalten zu zeigen, was zur Identifizierung verschiedener Führungsstile führte.

Der autokratische Stil zeichnete sich beispielsweise durch Führungskräfte aus, die das Kommando übernahmen, einseitig Entscheidungen trafen und von ihren Untergebenen erwarteten, dass sie diese ohne viel Input befolgten. Im Gegensatz dazu war der demokratische Stil durch Zusammenarbeit gekennzeichnet, bei der die Führungskräfte um Feedback baten und die Teammitglieder in den Entscheidungsprozess einbanden. Dann gab es noch den Laissez-faire-Stil, bei dem die Führungskräfte einen passiveren Ansatz verfolgten und den Teammitgliedern eine beträchtliche Autonomie in ihren Rollen zugestanden.

Diese Klassifizierungen ermöglichten ein differenzierteres Verständnis von Führung. Es wurde deutlich, dass kein einzelner Stil universell wirksam ist. Stattdessen hing die Wirksamkeit eines Führungsstils von Faktoren wie der Teamgröße, der Art der Aufgabe, der Organisationskultur und dem Reifegrad der Teammitglieder ab. So kann ein autokratischer Stil beispielsweise in Krisensituationen, die eine schnelle Entscheidungsfindung erfordern, wirksam sein, während ein demokratischer Stil in kreativen Umgebungen, in denen vielfältige Beiträge die Innovation vorantreiben, gedeihen kann.

Ein wichtiger Nebeneffekt der Verhaltenstheorien war die Betonung der Tatsache, dass Führung eine trainierbare Fähigkeit ist. Die Vorstellung, dass Führungsverhalten beobachtet, erlernt und geübt werden kann, öffnete die Türen für die Konzeption und Verbreitung von Schulungsprogrammen für Führungskräfte. Diese Programme zielten darauf ab, Menschen mit den richtigen

Verhaltensweisen auszustatten, um ihre Führungsfähigkeit zu verbessern. Sie markierten eine Demokratisierung der Führung, indem sie suggerierten, dass mit dem richtigen Training und der richtigen Einstellung jeder ein effektives Führungsverhalten kultivieren kann, unabhängig von seinen angeborenen Charaktereigenschaften.

Kontingenztheorien

Das Aufkommen der Kontingenztheorien war ein entscheidender Moment im Bereich der Führungsforschung. Wie der Name schon sagt, gingen diese Theorien davon aus, dass erfolgreiche Führung von der Anpassung des Führungsstils an die spezifischen Anforderungen der Situation abhängt. Das Wesentliche dieser Theorien war die Anpassungsfähigkeit: Erfolgreiche Führungskräfte waren diejenigen, die ihren Ansatz nahtlos an die unterschiedlichen Umstände anpassen konnten.

Im Mittelpunkt der Kontingenztheorien stand die Anerkennung der Komplexität, die der organisatorischen Dynamik innewohnt. Jede Organisation, jedes Team und jedes Projekt hat seine eigenen Herausforderungen, Ziele und Personaldynamiken. Darüber hinaus können externe Faktoren wie Marktbedingungen, Wettbewerb, gesellschaftliche Normen oder geopolitische Veränderungen die Führungsmatrix noch komplexer machen.

Eine grundlegende Prämisse der Kontingenztheorien war, dass kein einzelner Führungsstil für sich allein genommen überlegen ist. Ein Ansatz, der in einem bestimmten Kontext außergewöhnlich gut funktioniert, kann in einem anderen ins Wanken geraten. So kann zum Beispiel ein stark direktiver Führungsstil in einem stressigen, schnelllebigen Umfeld, in dem rasche Entscheidungen von größter Wichtigkeit sind, von Vorteil sein. Derselbe Ansatz könnte jedoch die Kreativität in einem Forschungs- und Entwicklungsteam, in dem Innovation und unkonventionelles Denken von entscheidender Bedeutung sind, unterdrücken.

Die Kontingenztheorien haben gezeigt, wie wichtig es ist, dass Führungskräfte über ein ausgeprägtes Gespür verfügen. Führungskräfte müssen scharfsinnige Beobachter sein, die die Moral des Teams einschätzen, die Nuancen der Organisation verstehen, den Druck von außen einschätzen und dann diese Erkenntnisse integrieren, um ihren Führungsansatz anzupassen.

Unter dem Dach der Kontingenztheorien wurden verschiedene Modelle und Rahmenwerke entwickelt, die Führungskräften bei der Beurteilung von Situationen und der Anpassung ihres Stils helfen sollen. Bei diesen Modellen wurden häufig Faktoren wie die Art der Aufgabe, die Beziehung zwischen der Führungskraft und dem Team, der Grad der Struktur der Aufgabe und die Machtposition der Führungskraft bewertet. Durch die Analyse dieser Faktoren konnten die Führungskräfte ihren Ansatz strategisch ausrichten, um die Effektivität zu maximieren.

Die Kontingenztheorien haben den Diskurs über Führung von statischen Modellen zu dynamischen Rahmenwerken erweitert. Bei der Führung ging es nicht mehr darum, die richtigen Eigenschaften zu haben oder eine Reihe von Verhaltensweisen zu beherrschen. Es ging um Fluidität, Anpassungsfähigkeit und die Fähigkeit, die sich ständig ändernden Gezeiten der Organisationslandschaft zu steuern.

Die klassische Periode der Führungslehre zeugt von einem sich ständig weiterentwickelnden Verständnis dessen, was es bedeutet, zu führen. Diese Zeitspanne, die von der Verehrung außergewöhnlicher Persönlichkeiten in der Great Man Theory bis hin zum facettenreichen Zusammenspiel von Eigenschaften, Verhaltensweisen und Kontext in den Contingency Theories reicht, offenbart einen tiefgreifenden Wandel der Wahrnehmung.

Ursprünglich wurde Führung oft durch die Brille der Mystik und des Schicksals betrachtet, wobei bestimmte bemerkenswerte Persönlichkeiten scheinbar zur Führung vorherbestimmt waren. Mit dem Fortschritt der Gesellschaft und der Entwicklung von Forschungsmethoden wandelte sich die Sichtweise jedoch. Führung wurde weniger als göttliches Mandat betrachtet, sondern vielmehr als Zusammenspiel verschiedener Eigenschaften und erlernter Verhaltensweisen, die sich an bestimmte Situationen anpassen lassen.

Die klassische Ära hat in vielerlei Hinsicht den Grundstein für unser modernes Verständnis von Führung gelegt. Sie stellte bereits bestehende Vorstellungen in Frage, demokratisierte das Konzept der Führung und betonte die Bedeutung von Anpassungsfähigkeit und Kontext. Wenn wir über diese grundlegende Ära nachdenken, wird deutlich, dass Führung weder statisch noch vereinfachend ist. Sie ist eine dynamische Mischung aus dem Persönlichen und dem Situativen, aus dem Angeborenen und dem Erlernten.

In dieser grundlegenden Periode finden wir die Anfänge vieler Themen, die später den Führungsdiskurs beherrschen sollten, darunter die Bedeutung der Selbsterkenntnis, der Wert der Anpassungsfähigkeit und die Erkenntnis, dass wirksame Führung sowohl die einzelne Führungskraft als auch das Umfeld, in dem sie tätig ist, betrifft. Die klassische Periode ist daher nicht nur ein historischer Bezugspunkt, sondern eine entscheidende Grundlage, die unsere heutigen Diskussionen über Führung informiert und bereichert.

Übung 1: Theorien zu Führungseigenschaften: "Mein Führungsporträt"

Zielsetzung: Vertiefung der Theorien über Führungseigenschaften, damit Sie die spezifischen Eigenschaften, die Sie besitzen, verstehen und darüber nachdenken können, wie sie mit der Effektivität der Führung zusammenhängen.

Aktivität: Collage mit Führungseigenschaften

Benötigte Materialien:
- Eine Liste von Führungseigenschaften, die aus den Eigenschaftstheorien am Ende der Übung abgeleitet wurden (z. B. Intelligenz, Entschlossenheit, Selbstvertrauen, Charisma, Anpassungsfähigkeit usw.)
- Zeitschriften, Zeitungen, Scheren, Klebestifte und große Papierbögen
- Marker oder Buntstifte

Anweisungen: Theorien zu Führungseigenschaften verstehen: Lassen Sie uns zunächst die Entwicklung von der Great Man Theory zu den Trait Theories erörtern. Die Eigenschaftstheorien zielten darauf ab, spezifische Eigenschaften zu identifizieren, die effektive Führungskräfte besitzen. Obwohl viele Eigenschaften identifiziert wurden, gibt es keine endgültige Liste. Das bedeutet, dass Führung facettenreich und vielfältig ist!

Erstellen Sie Ihre Collage der Führungseigenschaften:
- Auf der Tabelle finden Sie eine Liste von Führungseigenschaften, die aus verschiedenen Eigenschaftstheorien abgeleitet sind. Denken Sie über diese Liste nach. Welche Eigenschaften sprechen Sie an? Welche davon erkennen Sie bei sich selbst?
- Blättern Sie in den Zeitschriften und Zeitungen. Schneiden Sie Bilder, Wörter oder Symbole aus, die Ihrer Meinung nach die

Führungseigenschaften darstellen, mit denen Sie sich identifizieren. So können Sie eine visuelle Darstellung Ihres Führungsstils erstellen.

- Erstellen Sie auf Ihrem großen Blatt Papier eine Collage mit den Bildern, Wörtern oder Symbolen, die Sie ausgewählt haben. Du kannst auch andere Eigenschaften zeichnen oder schreiben, die du glaubst zu besitzen, die aber nicht auf der Liste stehen.

Gruppenreflexion und Austausch:

- Wenn ihr eure Collage fertiggestellt habt, schließt euch mit 3-4 Klassenkameraden zusammen. Stellt abwechselnd eure Collagen vor und erklärt, warum ihr bestimmte Eigenschaften ausgewählt habt und wie ihr sie in eurem Führungsstil oder -potenzial wahrnehmt.
- Diskutieren Sie die Gemeinsamkeiten und Unterschiede zwischen den Collagen Ihrer Gruppe. Was sagt Ihnen diese Vielfalt über Führung?

Nachbesprechung: Die Vielfalt in Ihren Collagen unterstreicht eine wichtige Erkenntnis aus den Eigenschaftstheorien: Führung ist nicht auf eine strenge Reihe von Eigenschaften beschränkt. Einige Eigenschaften eignen sich zwar von Natur aus für Führungsaufgaben, aber das Schöne liegt in der einzigartigen Kombination, die jeder Einzelne mitbringt. Denken Sie immer daran, dass es bei der Führung nicht nur auf die Eigenschaften ankommt, mit denen Sie geboren werden, sondern auch darauf, wie Sie diese im Laufe Ihres Weges pflegen, kultivieren und nutzen.

Durch diese Übung haben Sie die Möglichkeit, nicht nur über Ihre eigenen Führungseigenschaften nachzudenken, sondern auch die Vielfalt der Führungsstile und -qualitäten unter Ihren Kollegen zu erkennen. Führung ist keine Einheitsgröße, und diese Übung soll eine visuelle und introspektive Erkundung dieses Konzepts ermöglichen.

Hier ist eine umfassendere Liste von Führungseigenschaften

Intelligenz: Die Fähigkeit, Informationen zu verarbeiten, komplexe Situationen zu verstehen und effektive Lösungen zu finden.

Entschlossenheit: Ein starker Wille und Ausdauer angesichts von Herausforderungen.

Selbstvertrauen: Der Glaube an die eigenen Fähigkeiten und Entscheidungen, auch wenn man skeptisch ist oder auf Widerstand stößt.

Charisma: Eine natürliche, magnetische Persönlichkeit, die Menschen in ihren Bann zieht und zu Loyalität anregt.

Anpassungsfähigkeit: Flexibilität bei der Anpassung an veränderte Umstände oder neue Informationen.

Mutig sein: Sich Herausforderungen stellen und schwierige Entscheidungen treffen, auch wenn man Angst hat.

Integrität: Aufrechterhaltung von Ehrlichkeit und konsistenten moralischen Werten.

Einfühlungsvermögen: Erkennen und Respektieren der Gefühle und Bedürfnisse anderer.

Energie/Antrieb: Ein hohes Maß an Ausdauer und Leidenschaft für das Erreichen von Zielen.

Initiative: Proaktiv handeln, ohne ständig Anweisungen zu erhalten.

Enthusiasmus: Echte Leidenschaft und Begeisterung für die eigene Arbeit oder Sache zeigen.

Durchsetzungsvermögen: Die eigene Meinung oder den eigenen Wunsch klar zum Ausdruck bringen und dabei andere respektieren.

Entscheidungsfreudigkeit: Klare, rechtzeitige und feste Entscheidungen treffen.

Einfühlungsvermögen: Die Gefühle eines anderen verstehen und teilen.

Kreativität: Über den Tellerrand schauen und innovative Lösungen auf den Tisch bringen.

Emotionale Stabilität: Beibehaltung von Gelassenheit und Klarheit der Gedanken in stressigen Situationen.

Technisches/Spezialisiertes Wissen: Fachwissen in einem bestimmten Bereich, der mit der Führungsrolle zusammenhängt.

Fingerspitzengefühl: Mit Situationen vorsichtig umgehen und sicherstellen, dass Gefühle und Emotionen berücksichtigt werden.

Visionär: Die Fähigkeit, über den Tellerrand zu schauen und andere auf ein zukünftiges Ziel hinzuweisen.

Authentizität: Aufrichtigkeit und Wahrhaftigkeit gegenüber sich selbst und seinen Werten.

Denken Sie daran, dass keine Führungskraft alle diese Eigenschaften in gleichem Maße besitzt. Bei der Führung geht es darum, die einzigartige Kombination dieser Eigenschaften zusammen mit den Fähigkeiten und Erfahrungen zu nutzen, um andere effektiv zu führen und zu beeinflussen.

Kapitel 2: Moderne Ansätze zur Führung

In der sich ständig wandelnden Landschaft der Führungsforschung und -praxis markiert die Entwicklung von klassischen zu modernen Ansätzen einen bedeutenden Wendepunkt in der Art und Weise, wie wir Führung wahrnehmen und verstehen. Während die klassischen Theorien ein grundlegendes Verständnis von Führung vermittelten, das in Eigenschaften, Verhaltensweisen und situativen Dynamiken verankert war, führte die moderne Ära zu einer tieferen, nuancierteren Erforschung der Beziehung zwischen Führungskraft und Gefolgschaft und des Wesens der Führung selbst.

Die modernen Ansätze befassen sich mit den komplexen menschlichen Interaktionen, Motivationen und Bestrebungen innerhalb der Führungsdynamik. Von der transformativen Energie der transformationalen Führung bis zum dienstleistungsorientierten Ethos der dienenden Führung; von den authentischen und selbstbewussten Prinzipien der authentischen Führung bis zu den geteilten Verantwortlichkeiten, die in der verteilten Führung hervorgehoben werden; und den klaren Unterscheidungen, die in der transaktionalen Führung betont werden - jede dieser modernen Theorien bietet eine einzigartige Perspektive auf die Führung, die auf die vielfältigen Anforderungen der heutigen Gesellschaft zugeschnitten ist.

Diese Theorien fordern Führungskräfte nicht nur heraus, ihre Fähigkeiten zu verfeinern und sich an unterschiedliche Kontexte anzupassen, sondern fördern auch ein tiefes Verständnis für sich selbst und die Gemeinschaft im weiteren Sinne. Während wir durch die modernen Ansätze navigieren, werden wir die komplizierten Schichten der Führung aufdecken und die Bedeutung von Verbindung, Authentizität und gemeinsamen Zielen in der heutigen schnelllebigen, vernetzten Welt hervorheben.

Transformationale Führung

Die transformationale Führung, die in der zweiten Hälfte des 20. Jahrhunderts aufkam, stellt eine Veränderung des Führungsverständnisses dar. Im Mittelpunkt dieses Ansatzes stehen Führungskräfte, die ihre Anhänger inspirieren und motivieren, ihre eigenen Erwartungen zu übertreffen, Grenzen zu überschreiten und mehr zu erreichen, als sie zuvor für möglich hielten.

Transformatorische Führungskräfte sind im Grunde ihres Herzens Visionäre. Sie haben die unheimliche Fähigkeit, ein überzeugendes Bild der Zukunft zu entwerfen und zu vermitteln, das bei ihren Anhängern großen Anklang findet. Dabei geht es nicht nur darum, Ziele zu setzen, sondern auch darum, eine verlockende Vision einer besseren Zukunft zu schaffen, die Begeisterung und Engagement hervorruft.

Im Mittelpunkt dieses Führungsstils steht die Förderung von Kreativität und Innovation. Transformatorische Führungskräfte geben sich nicht mit dem Status quo zufrieden. Sie stellen ihn in Frage und fordern ihre Teams auf, kreativ zu denken und Probleme aus neuen Perspektiven anzugehen. Sie wissen auch, wie wichtig es ist, die einzigartigen Stärken und Herausforderungen jedes Einzelnen in ihrem Team zu erkennen. Indem sie als Mentoren und Coaches fungieren, schaffen sie ein Umfeld, in dem sich jedes Teammitglied wertgeschätzt, gehört und verstanden fühlt.

Das Charisma von transformationalen Führungskräften ist spürbar. Sie verfügen über die angeborene Fähigkeit, ihre Teams mit Leidenschaft und Begeisterung zu erfüllen. Ihre Energie und ihre Überzeugung von ihrer Vision wirken ansteckend und motivieren ihre Anhänger, sich einer Sache anzuschließen, die größer ist als jedes einzelne Streben.

Die Stärke der transformationalen Führung liegt in ihrer Fähigkeit, die Werte und Ziele der Gruppe aufeinander abzustimmen, die Leistung zu steigern und einen sinnvollen Wandel herbeizuführen. Die Anhänger von transformationalen Führungskräften zeigen in der Regel ein höheres Maß an Zufriedenheit, Engagement für die Organisation und Gesamtleistung. In Umgebungen, die Anpassungsfähigkeit und Vorausdenken erfordern, kommt dieser Führungsstil besonders gut zur Geltung.

Die transformationale Führung ist nicht ohne Herausforderungen. Sie verlangt von den Führungskräften ein erhebliches emotionales und intellektuelles Engagement. Außerdem gilt es, ein Gleichgewicht zu finden zwischen echter Inspiration und dem Abgleiten in den Bereich des Idealismus. Daher ist es für Führungskräfte dieses Stils von entscheidender Bedeutung, ihre Visionen in der Realität zu verankern und gleichzeitig das Außergewöhnliche anzustreben.

In einer Ära, die von raschen technologischen Fortschritten und einer sich verändernden globalen Dynamik geprägt ist, ist transformationale Führung in der Lage, Organisationen zu nachhaltigem Wachstum und tiefgreifender Wirkung zu führen.

Die Psychologie der transformationalen Führung

Im Kern dringt die transformationale Führung in die tieferen Schichten der menschlichen Psychologie ein und zapft sowohl kognitive als auch emotionale Prozesse an, um die Gefolgschaft zu inspirieren, über ihre individuellen Ambitionen hinauszugehen und auf ein kollektives Ziel hinzuarbeiten. Um diesen komplizierten Tanz zwischen Führungskräften und Gefolgschaft zu entschlüsseln, ist ein genauerer Blick auf die psychologischen Mechanismen erforderlich, die diesem Führungsstil zugrunde liegen.

1. Selbstverwirklichung und die Maslowsche Bedürfnishierarchie

Eine der grundlegenden psychologischen Theorien, die für die transformationale Führung relevant sind, ist die Maslowsche Bedürfnispyramide. An der Spitze dieser Pyramide steht die Selbstverwirklichung, d. h. die Verwirklichung des Potenzials einer Person. Führungspersönlichkeiten im Wandel helfen ihren Anhängern, diese Hierarchie zu erklimmen, indem sie insbesondere auf die Bedürfnisse nach Wertschätzung eingehen und sie zur Selbstverwirklichung führen. Indem sie ein Umfeld schaffen, in dem sich jeder Einzelne wertgeschätzt fühlt und ermutigt wird, sich weiterzuentwickeln, tragen diese Führungskräfte zur persönlichen und beruflichen Entwicklung ihres Teams bei.

2. Soziale Identität und Gruppenzusammenhalt

Die transformationale Führungspersönlichkeit kultiviert oft ein starkes Zugehörigkeits- und Identitätsgefühl unter ihren Anhängern. Indem sie Herausforderungen und Ziele in Form von gemeinsamen Zielen und einem gemeinsamen Zweck formulieren, stärken sie die soziale Identität der Gruppe. Dieser verbesserte Gruppenzusammenhalt fördert nicht nur die Teamarbeit, sondern stärkt auch die Loyalität und das Engagement für die gemeinsame Sache.

3. Emotionale Resonanz und Spiegelneuronen

Jüngste neurologische Forschungen haben die Existenz von Spiegelneuronen hervorgehoben, Zellen im Gehirn, die sowohl aktiviert werden, wenn eine Handlung ausgeführt wird, als auch, wenn sie beobachtet wird. Es wird angenommen, dass diese Neuronen die Grundlage für Empathie sind. Transformatorische Führungspersönlichkeiten mit ihrer charismatischen und einfühlsamen Art finden bei ihren Anhängern emotionale Resonanz. Diese Resonanz zapft wahrscheinlich die Funktion der Spiegelneuronen an und ermöglicht es Führungskräften und

Anhängern, ihre Emotionen und Motivationen aufeinander abzustimmen.

4. Kognitives Reframing und Perspektivwechsel

Transformatorische Führungskräfte sind Meister des kognitiven Reframings. Sie stellen bestehende Denkmodelle und Erzählungen in Frage und ermutigen ihre Mitarbeiter, Herausforderungen als Chancen und Hindernisse als Wachstumspunkte zu betrachten. Dieses Umdenken führt zu einer wachstumsorientierten Denkweise bei den Mitarbeitern und fördert die Widerstandsfähigkeit, die Anpassungsfähigkeit und die Bereitschaft zum ständigen Lernen.

5. Die Rolle von Dopamin bei der Motivation

Dopamin, ein Neurotransmitter, spielt eine zentrale Rolle in unserem Belohnungssystem und ist untrennbar mit Motivation verbunden. Die überzeugende Vision und die positive Verstärkung, die transformationale Führungskräfte bieten, können die Dopaminausschüttung bei ihren Anhängern anregen und so die Motivation und das Engagement steigern.

6. Sichere Bindung und Aufbau von Vertrauen

In Anlehnung an die Bindungstheorie kultivieren transformationale Führungskräfte häufig eine sichere Bindung zu ihren Anhängern. Indem sie stets ansprechbar, verständnisvoll und unterstützend sind, schaffen sie eine Atmosphäre des Vertrauens. Diese sichere Basis ermöglicht es den Mitarbeitern, Risiken einzugehen, innovativ zu sein und ihre Meinung ohne Angst vor Repressalien zu äußern.

Die Wirksamkeit der transformationalen Führung ist tief verankert in ihrer Ausrichtung auf grundlegende psychologische Prozesse. Indem sie diese Prozesse verstehen und nutzen, führen transformationale Führungskräfte nicht nur ihre Teams zum Erfolg, sondern fördern auch ein Umfeld, in dem der Einzelne sowohl persönlich als auch beruflich aufblüht.

Transaktionale Führung

Der transaktionale Führungsstil beruht auf dem Prinzip der Transaktionen oder des Austauschs zwischen Führungskräften und Gefolgschaft. Dieser aus der traditionellen Managementpraxis stammende Führungsstil legt den Schwerpunkt auf ein System von Belohnungen und Strafen zur Leistungsregulierung. Im Gegensatz zum visionären Ansatz der transformationalen Führung geht es bei der transaktionalen Führung um die Aufrechterhaltung von Ordnung und Konsistenz durch einen methodischen Ansatz.

Wenn man sich mit den psychologischen Nuancen der transaktionalen Führung befasst, werden mehrere Schlüsselmerkmale deutlich. Erstens spricht die Betonung klarer Erwartungen und Strukturen die kognitive Präferenz des Menschen für Klarheit an. Wenn die Gefolgsleute kristallklar über ihre Rollen, die erwarteten Ergebnisse und die mit diesen Erwartungen verbundenen Belohnungen oder Strafen Bescheid wissen, verringert dies die Mehrdeutigkeit. Diese Transparenz wiederum entspricht unserem inhärenten psychologischen Bedürfnis nach Stabilität und Vorhersehbarkeit.

Das Belohnungssystem, das im Mittelpunkt der transaktionalen Führung steht, lehnt sich stark an die Prinzipien des Behaviorismus an, insbesondere an die operante Konditionierung. Im Wesentlichen ist es so, dass Verhaltensweisen, auf die ein positives Feedback folgt (wie Belohnungen), eher wiederkehren, während solche, die negative Konsequenzen nach sich ziehen, eher vermieden werden. Durch diese definierten Bedingungen nutzen transaktionale Führungskräfte die Macht der Verstärkung, um gewünschte Verhaltensweisen zu formen.

Ein weiteres Merkmal dieses Führungsstils ist die klare Abgrenzung von Rechenschaftspflicht und Verantwortung. Wenn die Rollen und Konsequenzen klar definiert sind, fühlen sich die Mitarbeiter oft stärker für die ihnen übertragenen Aufgaben verantwortlich. Diese direkte Verantwortlichkeit kann psychologisch gesehen das Engagement und den Antrieb des Einzelnen erhöhen, die Aufgaben zu Ende zu führen.

Die starke Betonung externer Motivatoren stellt jedoch sowohl eine Stärke als auch eine Einschränkung der transaktionalen Führung dar. Eine solche Führung kann zwar unmittelbare Ergebnisse bewirken, stützt sich aber stark auf externe Belohnungen und Bestrafungen. Dabei kann die tiefgreifende Wirkung der intrinsischen Motivation übersehen werden, d. h. des inneren Antriebs, der den Einzelnen ermutigt, aus echtem Interesse oder aufgrund persönlicher Werte zu handeln, was oft zu einem tieferen und dauerhafteren Engagement führt.

In Anlehnung an grundlegende psychologische Theorien wie die Maslowsche Bedürfnishierarchie befriedigt die transaktionale Führung in erster Linie die Bedürfnisse der unteren Ebene, wie Sicherheit und physiologisches Wohlbefinden. Indem sie eine konsequente Belohnung der Arbeit und ein System zur Korrektur von Abweichungen sicherstellt, spricht sie diese grundlegenden menschlichen Bedürfnisse an.

Die transaktionale Führung zeichnet sich durch eine ständige Überwachung der Leistung und konsequente Feedbackschleifen aus. Während dies einerseits Möglichkeiten für Kurskorrekturen in Echtzeit bietet, kann es andererseits manchmal zu einem Gefühl von Mikromanagement führen, das Kreativität und Eigeninitiative unterdrücken kann.

Der transaktionale Führungsstil mit seiner strukturierten und klaren Arbeitsweise kann in Situationen, in denen es auf schnelle Erfüllung oder kurzfristige Ergebnisse ankommt, besonders effektiv sein. In Umgebungen, in denen Innovation, intrinsische

Motivation oder eine langfristige Vision gefragt sind, sind andere Führungsstile möglicherweise besser geeignet.

Die Psychologie der transaktionalen Führung

Die transaktionale Führung ist tief in den Prinzipien der operanten Konditionierung von B.F. Skinner verwurzelt. Dieser Ansatz stellt sicher, dass die Gefolgschaft ihr Verhalten an festgelegten Normen und Richtlinien ausrichtet, indem eine direkte Verbindung zwischen der Erledigung der Aufgabe und den anschließenden Belohnungen oder Bestrafungen hergestellt wird. Durch den Einsatz von Belohnungen für positives Verhalten und Bestrafungen für negative Handlungen verstärken transaktionale Führungskräfte die Wahrscheinlichkeit, dass erwünschte Verhaltensweisen wiederkehren, während sie von unerwünschten Verhaltensweisen abhalten.

Dieser Führungsstil entspricht auch dem menschlichen Bedürfnis nach Struktur und Vorhersehbarkeit. Unklarheit kann Stress und Ängste auslösen, während klare Anweisungen und Erwartungen das Gefühl der Unsicherheit verringern. Transaktionale Führung bietet diese Klarheit, indem sie spezifische Rollen, Verantwortlichkeiten und erwartete Ergebnisse vorgibt und damit unserer kognitiven Vorliebe für klar definierte Strukturen entgegenkommt.

Im Kern wird die transaktionale Führung durch extrinsische Motivatoren angetrieben, d. h. durch Belohnungen und Bestrafungen aus externen Quellen. Diese können zwar kurzfristig wirksam sein, sind aber möglicherweise nicht so nachhaltig wie intrinsische Motivatoren, wie z. B. persönliche Interessen oder Werte. Diese Abhängigkeit von externen Motivatoren kann manchmal das Potenzial für ein höheres Maß an Kreativität und Engagement einschränken.

In Anlehnung an die Maslowsche Bedürfnishierarchie befasst sich die transaktionale Führung häufig mit den unteren Ebenen und gewährleistet Sicherheit, Stabilität und Vorhersehbarkeit. Dieser Fokus ist zwar wichtig, lässt aber manchmal die übergeordneten Bedürfnisse des Einzelnen, wie Wachstum, Zugehörigkeit und Zielsetzung, außer Acht.

Die Theorie der kognitiven Dissonanz, die von Leon Festinger eingeführt wurde, bietet eine weitere Perspektive auf die transaktionale Führung. Wenn Gefolgsleute die greifbaren Ergebnisse erkennen, die mit ihren Aufgaben verbunden sind, passen sie ihr Verhalten möglicherweise an die erwarteten Belohnungen an und umgehen das Unbehagen, das sich aus der Unstimmigkeit zwischen ihren Handlungen und den erwarteten Ergebnissen ergibt.

Die regelmäßige Überwachung und das Feedback, die der transaktionalen Führung eigen sind, können mit dem Zeigarnik-Effekt in Verbindung gebracht werden, der besagt, dass sich Menschen eher an unerledigte Aufgaben erinnern als an erledigte. Das konsequente Feedback stellt sicher, dass Aufgaben zu Ende gebracht werden, und macht sich diese kognitive Neigung zunutze.

Obwohl die transaktionale Führung auf grundlegende menschliche kognitive Prozesse und Motivationssysteme zurückgreift, ist es wichtig, ihre Grenzen zu erkennen, insbesondere in Umgebungen, die mehr Innovation, Autonomie und langfristiges Engagement erfordern.

Dienende Führung

Dienende Führung, ein Begriff, der in den 1970er Jahren von Robert K. Greenleaf geprägt wurde, weicht von den traditionellen Führungsideologien ab. Anstatt die Wünsche der Führungskraft oder die Ziele der Organisation in den Vordergrund zu stellen, stellt die dienende Führung die Bedürfnisse der Mitarbeiter in den

Mittelpunkt. Die Hauptaufgabe der Führungskraft besteht darin, den Teammitgliedern zu dienen und dafür zu sorgen, dass ihre Bedürfnisse erfüllt werden und sie in die Lage versetzt werden, das Beste aus ihren Fähigkeiten zu machen.

Aus psychologischer Sicht entspricht die dienende Führung mehreren grundlegenden menschlichen Bedürfnissen und kognitiven Prozessen. Im Kern erkennt dieser Führungsstil den jedem Menschen innewohnenden Wert an und ist bestrebt, ihn zu fördern und zu würdigen. Auf diese Weise kommen dienende Führungskräfte dem menschlichen Grundbedürfnis nach Bestätigung, Zugehörigkeit und Sinnhaftigkeit entgegen.

In Anlehnung an die Maslowsche Bedürfnishierarchie befasst sich die dienende Führung nicht nur mit den niederen Bedürfnissen nach Sicherheit und Geborgenheit, sondern legt auch Wert auf die höheren Bedürfnisse. Durch die Schaffung eines Umfelds, in dem sich die Mitarbeiter wertgeschätzt, unterstützt und befähigt fühlen, schaffen dienende Führungskräfte einen Raum, in dem sich der Einzelne selbst verwirklichen kann.

Die Grundsätze der dienenden Führung stehen auch im Einklang mit der personenzentrierten Theorie der Psychologie von Carl Rogers. Indem sie ein nicht wertendes, einfühlsames und authentisches Umfeld schaffen, schaffen dienende Führungskräfte ein Klima der bedingungslosen positiven Wertschätzung, in dem sich ihre Mitarbeiter entfalten können. In einer solchen Atmosphäre fühlt sich der Einzelne mehr akzeptiert, verstanden und kann sich selbst sein, was zu einem höheren Maß an intrinsischer Motivation, Kreativität und Innovation führen kann.

Ein weiterer psychologischer Eckpfeiler der dienenden Führung ist die Empathie. Empathie, also die Fähigkeit, die Gefühle eines anderen zu verstehen und zu teilen, ist bei diesem Führungsansatz von zentraler Bedeutung. Die neurowissenschaftliche Forschung hat das Vorhandensein von Spiegelneuronen hervorgehoben,

Zellen im Gehirn, die sowohl bei Handlungen einer Person als auch bei der Beobachtung derselben Handlung durch eine andere Person feuern. Diese neuronale Spiegelung ermöglicht es dem Einzelnen, die Emotionen anderer zu "spüren" und legt damit den Grundstein für Empathie. Dienende Führungspersönlichkeiten können aufgrund ihres ausgeprägten Einfühlungsvermögens die Bedürfnisse ihrer Anhänger besser erkennen, was zu einer gezielteren Unterstützung und Anleitung führt.

Dienende Führung spiegelt die Grundsätze der positiven Psychologie wider, die sich auf Stärken, Tugenden und Faktoren konzentriert, die zu einem erfüllten Leben beitragen. Durch die Förderung von Stärken, die Unterstützung der Gemeinschaft und die Förderung des Wohlbefindens stimmen dienende Führungskräfte eng mit den Zielen der positiven Psychologie überein.

Die dienende Führung mit ihrer Betonung von Empathie, Wachstum und Gemeinschaft schöpft aus einem reichen Fundus psychologischer Prinzipien und Theorien. Ihr zukunftsorientierter und menschenzentrierter Ansatz macht sie zu einem mächtigen Werkzeug in modernen Organisationen, insbesondere in Umgebungen, die Zusammenarbeit, langfristiges Wachstum und ganzheitliches Wohlbefinden schätzen.

Die Psychologie der dienenden Führung

Ein tieferes Eintauchen in die psychologischen Nuancen der dienenden Führung zeigt, dass ihre Prinzipien mit mehreren Ebenen der menschlichen Kognition, Motivation und sozialen Interaktion verwoben sind.

In Anlehnung an die Bindungstheorie von John Bowlby kann die unterstützende und fürsorgliche Natur der dienenden Führung eine sichere Basis für die Gefolgschaft schaffen. Diese "sichere Bindung" im beruflichen Bereich kann die Bindung zwischen

Kind und Bezugsperson in der frühen Entwicklung widerspiegeln. Genauso wie ein sicher gebundenes Kind sich ermutigt fühlt, seine Umgebung zu erkunden und zur Unterstützung zu seiner Bezugsperson zurückzukehren, genießen Mitarbeiter unter einer dienenden Führungskraft ein ähnliches Vertrauen in die Risikobereitschaft, gestützt auf das Wissen, unerschütterliche Unterstützung zu haben.

In Bezug auf die intrinsische Motivation, die auf der Selbstbestimmungstheorie von Deci und Ryan beruht, gedeiht sie, wenn drei Kernbedürfnisse erfüllt werden: Autonomie, Kompetenz und Verbundenheit. Dienende Führung kommt diesen Bedürfnissen auf natürliche Weise entgegen. Führungskräfte befähigen ihre Mitarbeiter, indem sie ihnen Entscheidungsfreiheit gewähren und so das Bedürfnis nach Autonomie befriedigen. Indem sie Ressourcen und Schulungen anbieten, fördern sie die Kompetenz. Und durch ihre echte Fürsorge und ihr Engagement fördern sie ein tiefes Gefühl der Verbundenheit.

Nach der Theorie der sozialen Identität ordnet der Einzelne sich selbst und andere in verschiedene soziale Kategorien ein. Eine dienende Führungspersönlichkeit, die die Bedürfnisse ihrer Mitarbeiter in den Vordergrund stellt, festigt dieses Gefühl der Zugehörigkeit zu einer Gruppe und stärkt das Gefühl der Zugehörigkeit und Einheit innerhalb des Teams. Eine solche Inklusivität kann potenzielle Konflikte vermindern und den Zusammenhalt des Teams fördern.

Über das bloße Erkennen von Emotionen hinaus üben dienende Führungskräfte eine fortgeschrittene Form der Empathie aus, die als "Theory of Mind" bekannt ist. Diese Fähigkeit ermöglicht es Führungskräften, sich selbst und anderen mentale Zustände zuzuschreiben, so dass sie Reaktionen vorhersehen, zugrundeliegende Motivationen erfassen und latente Bedenken ansprechen können, um so maßgeschneiderte und wirksame Unterstützung anzubieten.

Das von Carol Dweck eingeführte Konzept des Wachstumsdenkens geht davon aus, dass Fähigkeiten und Intelligenz entwickelt werden können. Dienende Führungskräfte, die den Schwerpunkt auf persönliche Entwicklung und kontinuierliches Lernen legen, kultivieren diese Denkweise auf natürliche Weise bei ihren Anhängern. Sie schaffen ein Umfeld, in dem sich Herausforderungen in Chancen verwandeln und Misserfolge zu Sprungbrettern für Wachstum werden.

Im Kern verkörpert die dienende Führung einen altruistischen Ansatz, bei dem das Wohlergehen der Gefolgschaft wirklich im Vordergrund steht. Diese aufrichtige Fürsorge führt oft zu Gegenseitigkeit, einer sozialen Erwartung, bei der freundliche Taten erwidert werden. Teams, die von solchen Führungskräften geleitet werden, zeichnen sich häufig durch verstärkte Zusammenarbeit, Vertrauen und gegenseitige Unterstützung aus, wodurch ein positiver Kreislauf des guten Willens in Gang gesetzt wird.

Indem sie ihre Führungsarbeit auf diese tiefgreifenden psychologischen Prinzipien gründen, stellen sie nicht nur das optimale Funktionieren und Wohlbefinden ihrer Mitarbeiter sicher, sondern legen auch die Grundlage für einen nachhaltigen Unternehmenserfolg. Die komplexen psychologischen Grundlagen der dienenden Führung verstärken ihr Potenzial, nicht nur produktive Teams, sondern auch widerstandsfähige, anpassungsfähige und harmonische Organisationskulturen zu formen.

Authentische Führung

Der Ruf nach echten und transparenten Führungskräften hat das Konzept der authentischen Führung hervorgebracht. Dieser in der Authentizität verwurzelte Führungsstil betont eine konsequente Übereinstimmung zwischen den Werten, Überzeugungen, Wünschen und Handlungen einer Führungskraft. Authentische

Führungskräfte legen Wert auf Selbsterkenntnis, handeln mit Integrität und pflegen offene und ehrliche Beziehungen zu ihren Mitarbeitern.

Eines der entscheidenden Merkmale authentischer Führung ist die Selbsterkenntnis. Authentische Führungskräfte verfügen über ein tiefes Verständnis ihrer eigenen Stärken, Schwächen, Werte und Gefühle. Diese introspektive Qualität ermöglicht es ihnen, sich selbst treu zu bleiben, auch wenn sie vor schwierigen Entscheidungen stehen. Sie erkennen ihre eigenen Unzulänglichkeiten, lernen aus ihren Fehlern und streben kontinuierlich nach persönlichem Wachstum.

Authentische Führungspersönlichkeiten arbeiten mit einem unerschütterlichen inneren moralischen Kompass und legen bei jeder Handlung Wert auf Integrität. Ihre Entscheidungen und Handlungen stimmen nahtlos mit ihren tief verwurzelten Werten und Überzeugungen überein. Sie beugen sich nicht dem äußeren Druck oder ändern ihre Haltung, um andere zu beschwichtigen. Stattdessen treffen sie Entscheidungen, von denen sie überzeugt sind, dass sie richtig sind, und schaffen so Vertrauen und Respekt bei ihren Anhängern.

Ein weiteres Merkmal authentischer Führung ist die Transparenz in den Beziehungen. Authentische Führungskräfte sind offen und authentisch in ihren Interaktionen und fördern ein Umfeld, in dem offene Kommunikation und Feedback erwünscht sind. Sie verstecken sich nicht hinter einer Fassade oder tragen Masken, um sich dem jeweiligen Publikum anzupassen. Stattdessen bringen sie ihre wahren Gedanken und Gefühle zum Ausdruck, auch wenn sie dadurch verletzlich werden.

Aus psychologischer Sicht kann die Transparenz und Beständigkeit authentischer Führungskräfte zu einer Vielzahl von positiven Ergebnissen führen. Bei den Anhängern führt die konsequente und aufrichtige Art von authentischen

Führungskräften oft zu mehr Vertrauen. Dieses Vertrauen kann die Arbeitszufriedenheit, das Engagement und das emotionale Wohlbefinden steigern. In einer Zeit, in der Authentizität sehr gefragt ist, ziehen Organisationen, die von authentischen Führungskräften geführt werden, außerdem eher Top-Talente an und halten diese, pflegen ethische Arbeitsplätze und zeigen eine höhere Anpassungsfähigkeit angesichts von Veränderungen.

Authentische Führung bedeutet eine Rückbesinnung auf die Grundprinzipien der Führung: Führen mit Integrität, Ehrlichkeit und Aufrichtigkeit. In einer komplexen und sich ständig weiterentwickelnden Welt dienen Führungskräfte, die sich selbst treu bleiben und mit unerschütterlicher Authentizität handeln, als Leuchttürme der Stabilität und Vertrauenswürdigkeit, die ihre Organisationen mit Anmut und Widerstandsfähigkeit zum Erfolg führen.

Die Psychologie der authentischen Führung
Aus psychologischer Sicht sind die Grundlagen authentischer Führung eng mit mehreren Schlüsselaspekten verwoben. Authentische Führungskräfte sind zutiefst introspektiv und verfügen über ein klares Verständnis ihrer Stärken, Schwächen, Motivationen und Gefühle. Diese ausgeprägte Selbstwahrnehmung ist mit dem Konzept der Metakognition vergleichbar - ein Begriff, der die Fähigkeit beschreibt, über das eigene Denken nachzudenken. Indem sie ihre Handlungen und Entscheidungen konsequent reflektieren und bewerten, können authentische Führungskräfte ihr Verhalten an ihren Grundwerten ausrichten und so einen echten Führungsstil entwickeln, der sowohl konsistent als auch vorhersehbar ist.

In Anlehnung an Kohlbergs Stufen der moralischen Entwicklung arbeiten authentische Führungskräfte oft mit einer verinnerlichten moralischen Perspektive. Sie agieren auf der postkonventionellen Ebene, auf der die Moral durch innere Prinzipien und nicht durch gesellschaftliche Normen definiert wird. Dieser intrinsische moralische Kompass leitet sie dabei, Entscheidungen zu treffen, die ethisch fundiert und im besten Interesse aller Beteiligten sind, auch ohne externe Bestätigung oder Belohnung.

Authentische Führungskräfte sind offen für Feedback und holen aktiv verschiedene Meinungen ein, bevor sie Entscheidungen treffen. Dieser Aspekt authentischer Führung hängt mit dem kognitiven Konzept der "Dezentrierung" zusammen, bei dem es darum geht, Situationen aus mehreren Perspektiven zu betrachten und so den Einfluss kognitiver Voreingenommenheit zu verringern. Indem sie verschiedene Standpunkte berücksichtigen und Informationen objektiv analysieren, treffen diese Führungskräfte fundierte Entscheidungen und fördern eine Kultur des offenen Dialogs.

Im Hinblick auf die Beziehungstransparenz überschneidet sich die authentische Führung mit der humanistischen Psychologie. Führungskräfte, die in ihren Beziehungen transparent sind, zeigen anderen ihr wahres Ich. Indem sie ihre echten Gedanken und Gefühle zum Ausdruck bringen, fördern sie ein Umfeld des Vertrauens und der offenen Kommunikation. Dies kann mit dem Konzept der Kongruenz von Carl Rogers verglichen werden - wenn das Selbstbild einer Person mit ihren Handlungen und ihrer äußeren Erscheinung übereinstimmt. Wenn Führungskräfte kongruent sind, werden sie als authentisch wahrgenommen, was zu stärkeren zwischenmenschlichen Beziehungen führt.

In einem psychologischen Kontext kann eine authentische Führung tiefgreifende Auswirkungen auf die Gefolgschaft haben. Indem sie ein authentisches Verhalten vorleben, inspirieren die Führungskräfte ihre Teams zu Authentizität. Dies führt oft zu größerem Vertrauen, höherer Arbeitszufriedenheit und besserem Wohlbefinden der Mitarbeiter. Darüber hinaus führt die transparente und moralische Natur authentischer Führung häufig zu einem ethisch fundierten und sozial verantwortlichen Organisationsumfeld. Da Authentizität in der heutigen Zeit hoch geschätzt wird, steigern Führungskräfte, die sich diese Qualitäten zu eigen machen, nicht nur ihre eigene Führungseffizienz, sondern erzeugen auch einen Welleneffekt der Authentizität in ihren Organisationen, der sie in einer sich schnell entwickelnden Welt widerstandsfähiger, ethischer und anpassungsfähiger macht.

Verteilte Führung

Die verteilte Führung, die oft auch als geteilte oder kollaborative Führung bezeichnet wird, stellt das traditionelle hierarchische Modell der Führung in Frage, bei dem eine Person die Hauptverantwortung für die Führung trägt. Stattdessen wird davon ausgegangen, dass Führung ein kollektiver Prozess ist, der sich auf mehrere Personen innerhalb einer Organisation verteilt. Dieser Ansatz unterstreicht, dass Führung nicht auf bestimmte Rollen oder Positionen beschränkt ist, sondern durch Interaktionen und Beziehungen zwischen den verschiedenen Beteiligten entsteht.

In einem verteilten Führungsrahmen wird Führung eher als Tätigkeit denn als Titel betrachtet. Dabei geht es weniger um die formale Autorität, die jemand ausübt, sondern vielmehr um die kollaborativen Prozesse, Aufgaben und Funktionen, die auf mehrere Personen verteilt sind. Im Wesentlichen wird damit anerkannt, dass Fachwissen, Einfluss und Führungsfähigkeiten überall in einer Organisation vorhanden sein können.

Dieses Führungsmodell beruht auf der Überzeugung, dass alle Mitglieder einer Organisation über einzigartige Talente, Erfahrungen und Perspektiven verfügen, die für das Allgemeinwohl genutzt werden können. Durch die Dezentralisierung der Führung fördert die dezentrale Führung eine Kultur der Befähigung, in der sich jeder Einzelne wertgeschätzt fühlt und sich für den Erfolg der Organisation verantwortlich fühlt.

Die Psychologie der verteilten Führung

Aus psychologischer Sicht zapft die verteilte Führung die intrinsische Motivation des Einzelnen an. Wenn die Mitglieder das Gefühl haben, dass sie ein Mitspracherecht haben und ihnen Verantwortung übertragen wird, steigen ihr Engagement, ihre Arbeitszufriedenheit und ihre Zielstrebigkeit oft stark an. Es gibt auch ein kollektives Gefühl der Verantwortlichkeit, da Führung als gemeinsames Unterfangen angesehen wird.

Die verteilte Führung entspricht den Anforderungen der modernen, vernetzten und sich schnell verändernden Arbeitsumgebungen. Da Organisationen immer komplexer werden, erfordern die Herausforderungen, mit denen sie konfrontiert sind, oft unterschiedliche Fachkenntnisse und gemeinsame Lösungen. Ein verteilter Führungsansatz kann die kollektive Intelligenz und Agilität seiner Mitglieder nutzen und sicherstellen, dass Entscheidungen und Strategien auf einer Vielzahl von Erkenntnissen beruhen.

Es ist erwähnenswert, dass eine verteilte Führung zwar zahlreiche Vorteile bietet, ihre Umsetzung jedoch einen Kulturwandel erfordert. Unternehmen müssen bereit sein, sich von tief verwurzelten Hierarchien zu lösen und ein Umfeld zu schaffen, das von Vertrauen, offener Kommunikation und Zusammenarbeit geprägt ist. Die Führungskräfte spielen in diesem Zusammenhang eine entscheidende Rolle bei der Erleichterung, Koordinierung und Förderung der Verteilung von Führungsaufgaben und -funktionen.

Distributed Leadership bietet eine neue, dynamische Perspektive auf die Führung, die dem kollaborativen Geist heutiger Organisationen entgegenkommt. Es unterstreicht die Idee, dass Führung kein einsames Unterfangen ist, sondern eine kollektive Sinfonie von Stimmen, die harmonisch auf gemeinsame Ziele hinarbeiten.

Verteilte Führung beruht auf einem tiefgreifenden Verständnis der menschlichen Psychologie und der Gruppendynamik. Es handelt sich dabei nicht um einen reinen Verwaltungs- oder Managementansatz, sondern ist tief in der Art und Weise verwurzelt, wie Menschen sich selbst innerhalb einer Gruppe wahrnehmen, in ihren intrinsischen Motivationen und in der Natur von Kooperationsbeziehungen.

Das Konzept stellt traditionelle Vorstellungen von Machtdynamik und Autorität in Frage. Traditionelle hierarchische Strukturen beruhen auf einem Top-Down-Modell, bei dem die Macht an der Spitze konzentriert ist. Im Gegensatz dazu geht die verteilte Führung davon aus, dass Macht, Einfluss und Entscheidungsmöglichkeiten in der gesamten Organisation zu finden sind. Diese Demokratisierung der Macht steht im Einklang mit dem dem Menschen innewohnenden Wunsch nach Autonomie und Selbstbestimmung, wie er in der Selbstbestimmungstheorie postuliert wird. Wenn der Einzelne das Gefühl hat, für seine Rolle verantwortlich zu sein, ist er mit größerer Wahrscheinlichkeit intrinsisch motiviert, was zu mehr Engagement und Leistung führt.

Ein weiterer psychologischer Eckpfeiler der verteilten Führung ist die sozial-konstruktivistische Perspektive. In diesem Modell wird Führung als ein sozial konstruiertes Phänomen betrachtet, das sich aus den Interaktionen innerhalb einer Gruppe ergibt. Dabei geht es weniger um individuelle Fähigkeiten als vielmehr um kollektive Fähigkeiten. Diese Sichtweise entspricht Vygotskys Theorie, wonach die soziale Interaktion eine grundlegende Rolle bei der kognitiven Entwicklung spielt. In ähnlicher Weise werden bei der dezentralen Führung die Führungsfähigkeiten durch ständige Interaktionen, Feedback und Zusammenarbeit verfeinert und verbessert.

Das Modell der verteilten Führung erkennt die komplexe, vielschichtige Natur der menschlichen Intelligenz und Fähigkeiten an. Howard Gardners Theorie der multiplen Intelligenzen besagt, dass Intelligenz nicht monolithisch ist, sondern in verschiedenen

Formen existiert, wie z. B. sprachlich, logisch-mathematisch, räumlich und zwischenmenschlich, um nur einige zu nennen. Verteilte Führung macht sich diese Vielfalt von Intelligenzen zunutze, indem sie die einzigartigen Stärken und Fähigkeiten, die in einer Organisation vorhanden sind, erkennt und nutzt.

Aus sozialpsychologischer Sicht fördert die verteilte Führung ein starkes Gefühl des Gruppenzusammenhalts und der kollektiven Identität. Wenn Führung als ein gemeinsames Unterfangen angesehen wird, ist es wahrscheinlicher, dass sich der Einzelne als integraler Bestandteil eines größeren Ganzen sieht. Dieses Gefühl der Zugehörigkeit, wie es in der Maslowschen Bedürfnishierarchie hervorgehoben wird, ist für das menschliche Wohlbefinden von grundlegender Bedeutung. Wenn sich der Einzelne stark mit seiner Gruppe identifiziert, neigt er außerdem eher dazu, Gruppenziele über individuelle Ziele zu stellen, was zu gemeinsamen Anstrengungen und synergetischen Ergebnissen führt.

Die verteilte Führung befasst sich mit den kognitiven Verzerrungen und Beschränkungen, die bei Modellen mit nur einer Führungskraft auftreten. Wie Daniel Kahneman in seiner Arbeit über kognitive Voreingenommenheit hervorhebt, kann die individuelle Entscheidungsfindung oft durch verschiedene Voreingenommenheiten getrübt werden, was zu suboptimalen Ergebnissen führt. Ein verteiltes Führungsmodell kann durch die Einbeziehung verschiedener Perspektiven und Stimmen als Korrekturmechanismus dienen und sicherstellen, dass die Entscheidungen ausgewogener, ganzheitlicher und fundierter sind. Das Modell der verteilten Führung stützt sich auf verschiedene psychologische Theorien und Prinzipien und bietet einen umfassenden, auf den Menschen ausgerichteten Führungsansatz, der den intrinsischen Bedürfnissen, Motivationen und Fähigkeiten des Einzelnen in einem kollaborativen Umfeld Rechnung trägt.

Während diese Untersuchung einige spezifische Führungsmodelle vertieft, ist es wichtig, die riesige Landschaft der bestehenden Führungstheorien anzuerkennen. Das Fachgebiet der Führung hat sich über Jahrhunderte hinweg entwickelt und zahlreiche Rahmenkonzepte, Modelle und Paradigmen hervorgebracht. Jedes von ihnen bietet einzigartige Einblicke und Perspektiven, wie Menschen andere effektiv führen, beeinflussen und inspirieren können.

Von charismatischer Führung, die die magnetische Anziehungskraft von Führungskräften betont, über ethische Führung, die die Bedeutung moralischer Integrität unterstreicht, bis hin zu adaptiver Führung, die sich auf die Bewältigung von Veränderungen konzentriert, und kulturübergreifender Führung, die die Nuancen der Führung in unterschiedlichen kulturellen Kontexten hervorhebt - es gibt eine Fülle von Wissen und Verständnis. Es gibt auch den Begriff der stillen Führung, der die Idee vertritt, dass man nicht ungestüm oder dominant sein muss, um eine effektive Führungskraft zu sein.

Jedes dieser Modelle und viele andere, die hier nicht erwähnt werden, bieten wertvolle Lektionen und Einsichten. Auch wenn wir uns in dieser Untersuchung auf bestimmte Modelle beschränken, ist es für Leser und angehende Führungskräfte wichtig zu verstehen, dass die Welt der Führung riesig und vielschichtig ist. Die Auseinandersetzung mit verschiedenen Modellen und Theorien kann ein umfassenderes, ganzheitlicheres Verständnis von Führung vermitteln, das es dem Einzelnen ermöglicht, seinen Ansatz je nach Kontext, den beteiligten Personen und den Herausforderungen anzupassen und zuzuschneiden.

Übung 2: für authentische Führung: "Der Authentizitäts-Reflexionskreis"

Zielsetzung: Vertiefen Sie sich in die Prinzipien der authentischen Führung, um Ihre eigenen Erfahrungen zu reflektieren und Einblicke in Ihren Weg der authentischen Führung zu gewinnen.

Aktivität: Tausch von Authentizitätsgeschichten

Benötigte Materialien:
- Stift und Notizblock oder Tagebuch
- Ein Timer oder eine Stoppuhr
- Eine bequeme Sitzgelegenheit, vorzugsweise in einem Kreis angeordnet

Anweisungen:

Authentisches Führungsverständnis: Lassen Sie uns mit einem kurzen Gespräch über authentische Führung beginnen - siehe auch den Abschnitt über authentische Führung in diesem Kapitel. Es geht darum, authentisch, selbstbewusst und transparent zu sein. Als authentische Führungskraft führen Sie mit Herz, zeigen Verletzlichkeit, wenn es nötig ist, und engagieren sich für eine langfristige, wertebasierte Führung.

Persönliche Reflexion:
a. Nehmen Sie sich etwa 10 Minuten Zeit und denken Sie an eine Zeit, in der Sie das Gefühl hatten, wirklich authentisch zu sein. Vielleicht war es, als Sie für etwas eingetreten sind, an das Sie geglaubt haben, sich einer persönlichen Herausforderung gestellt haben oder eine Entscheidung getroffen haben, die tief in Ihren Grundwerten verwurzelt ist.
b. Schreiben Sie diese Erfahrung auf und notieren Sie, was dieser Vorfall Sie über Ihren einzigartigen Führungsstil gelehrt hat.

Austausch im Authentizitätskreis:

a. Wenn ihr eure Gedanken aufgeschrieben habt, gehen wir im Kreis herum, und jeder von euch bekommt die Gelegenheit, seine Geschichte zu erzählen.

b. Nachdem jede Person erzählt hat, gibt es ein kurzes Zeitfenster von 2-3 Minuten, in dem die anderen Fragen stellen oder ihre Erkenntnisse aus der Geschichte mitteilen können.

c. Wir setzen diesen Prozess fort, bis jeder seine Geschichte erzählt hat. Bitte achten Sie auf die Zeit, damit jeder an die Reihe kommt.

Gemeinsam reflektieren: Nachdem alle Geschichten ausgetauscht wurden, lasst uns in der Gruppe diskutieren. Welche gemeinsamen Themen oder Gefühle haben Sie festgestellt? Wie können diese persönlichen Momente unseren Weg zu einer authentischen Führungskraft prägen?

Nachbesprechung: Zum Abschluss werden wir über den Wert einer authentischen Führung nachdenken. Denken Sie daran: In einer Welt, in der es leicht ist, sich von äußeren Faktoren beeinflussen zu lassen, ist es von unschätzbarem Wert, sich selbst treu zu bleiben und mit echter Absicht zu führen. Das schafft Vertrauen, nährt Beziehungen und ebnet den Weg für eine sinnvolle Führung.

Bei dieser Übung werden Sie nicht nur Ihre eigene Reise als authentische Führungskraft reflektieren, sondern auch von den unterschiedlichen Erfahrungen Ihrer Kollegen hören. Durch das Zuhören und den Austausch in einer solch unterstützenden Umgebung werden Sie die Kraft und Bedeutung von Authentizität in der Führung schätzen lernen.

Kapitel 3: Führungsqualitäten und Persönlichkeit

Der Bereich der Führung ist weitläufig, vielschichtig und mit Fäden aus zahlreichen Disziplinen verwoben. Doch unter den unzähligen Aspekten, die die Führungsdynamik prägen, sticht der Einfluss der Persönlichkeit als grundlegend und transformativ hervor. Diese Beziehung zwischen Führung und Persönlichkeit erinnert an einen Tanz, bei dem der Rhythmus, das Tempo und die Anmut jeder Bewegung von der angeborenen Natur des Tänzers bestimmt werden. So wie jeder Tänzer sein eigenes Flair in eine Darbietung einbringt, verleiht die Persönlichkeit jeder Führungskraft ihrem Führungsstil eine besondere Note.

Unsere Persönlichkeit, ein kompliziertes Gewebe, das aus unseren Erfahrungen, unserer genetischen Veranlagung, unserer Erziehung und gesellschaftlichen Einflüssen gewebt ist, dient als die Linse, durch die wir die Welt um uns herum wahrnehmen, mit ihr interagieren und sie gestalten. Sie ist in vielerlei Hinsicht der Kern unseres Wesens und beeinflusst unsere Entscheidungen, Reaktionen, Bestrebungen und Beziehungen. Wenn sich dieser persönliche Bereich mit dem Bereich der Führung überschneidet, können die Ergebnisse tiefgreifend, vielfältig und manchmal auch unerwartet sein.

In diesem Kapitel gehen wir dieser Konvergenz auf den Grund, indem wir herausfinden, wie sich verschiedene Persönlichkeitsaspekte auf die Führungsdynamik auswirken. Beginnend mit den Big Five Persönlichkeitsmerkmalen werden wir die breiten Dimensionen der menschlichen Persönlichkeit und ihre Auswirkungen auf Führungsszenarien untersuchen. Im weiteren Verlauf werden wir uns mit dem Bereich der emotionalen Intelligenz befassen und die emotionalen Grundlagen beleuchten, die über Erfolg oder Misserfolg von Führungsbemühungen entscheiden können. Doch jede Geschichte hat ihre Schattenseiten, und unsere Erkundung wäre unvollständig ohne einen Streifzug durch die dunkleren Facetten der Persönlichkeit, verkörpert durch die Merkmale der dunklen Triade und ihre komplexe Beziehung zur Führung.

Wenn Sie in diese Untersuchung eintauchen, werden Sie zum Nachdenken, zur Selbstbeobachtung und vielleicht sogar zur Neukalibrierung von Aspekten Ihres Führungsansatzes angeregt. Die Überschneidung von Führung und Persönlichkeit ist nicht nur akademisch, sondern auch sehr persönlich. Indem wir die unzähligen Wege verstehen, auf denen unsere eigene Natur unseren Weg als Führungskraft beeinflusst, ebnen wir den Weg für eine bewusstere, anpassungsfähigere und wirkungsvollere Führung.

Die Big Five Persönlichkeitsmerkmale

Die Big-Five-Persönlichkeitsmerkmale, die oft als Fünf-Faktoren-Modell bezeichnet werden, umfassen fünf große Persönlichkeitsdimensionen, die in verschiedenen Kulturen und Umfeldern einheitlich ermittelt wurden. Es handelt sich dabei um Offenheit für Erfahrungen, Gewissenhaftigkeit, Extraversion, Verträglichkeit und Neurotizismus (oft auch als emotionale Stabilität in einer positiven Formulierung bezeichnet). Jede dieser Eigenschaften bietet ein Spektrum, auf dem die einzelnen Persönlichkeiten abgebildet werden können und das einen ganzheitlichen Überblick über die angeborenen Tendenzen einer Person bietet.

Offenheit für Erfahrungen ist eine der fünf Hauptdimensionen der Persönlichkeit, die häufig im Big-Five-Persönlichkeitsmodell hervorgehoben wird. Menschen mit einer hohen Ausprägung dieses Merkmals sind in der Regel phantasievoll, neugierig und haben einen ausgeprägten Eifer, neue Ideen und Erfahrungen zu erkunden. Solche Menschen verfügen über eine breitere und differenziertere kognitive Palette als weniger offene Menschen und nehmen die Welt mit einem Sinn für Neues, Möglichkeiten und Wunder wahr.

Neugierde ist ein hervorstechendes Merkmal dieser Eigenschaft. Hochgradig neugierige Menschen sind eifrige Lerner, die sich ständig in Themen vertiefen, weitere Fragen stellen und nach den zugrunde liegenden Prinzipien oder breiteren Zusammenhängen suchen. Ihre Kreativität geht über künstlerische Aktivitäten hinaus. Führungskräfte mit einem ausgeprägten Sinn für Offenheit denken häufig außerhalb des konventionellen Rahmens, finden einzigartige Lösungen für Herausforderungen und entwickeln Innovationen in Bereichen, die viele überraschen könnten. Ihre Vorliebe für neue Erfahrungen bedeutet, dass sie nicht vor dem Unbekannten zurückschrecken. Ob es sich um eine neue kulturelle Erkenntnis, eine neue Strategie oder eine andere Sichtweise auf ein langjähriges Problem handelt, sie sind bereit, sich auf Veränderungen einzulassen.

Wenn es um Führungsqualitäten geht, können diejenigen, die eine starke Neigung zur Offenheit haben, für Organisationen den Ausschlag geben. Solche Führungskräfte bilden oft das Rückgrat der organisatorischen Innovation. Sie begnügen sich nicht damit, die Dinge so zu akzeptieren, wie sie sind, sondern stellen den Status quo aktiv in Frage, um Verbesserungen und Fortschritte zu erzielen. Sie haben auch eine Vorliebe für die Wertschätzung und das aktive Einholen von Beiträgen aus unterschiedlichen Quellen, da sie wissen, dass die effektivsten Lösungen oft das Ergebnis der Berücksichtigung einer Vielzahl von Perspektiven sind. Darüber hinaus entsteht unter ihrer Leitung eine Kultur, in der Lernen zu einer kontinuierlichen Reise wird. Sie inspirieren ihre Teams und Kollegen dazu, unermüdlich nach neuem Wissen zu streben, sei es durch formelle Schulungen oder durch individuelles Streben nach Verständnis.

Stärken, die nicht ausgewogen sind, können manchmal in den Bereich der Schwächen abgleiten. Führungspersönlichkeiten mit einem hohen Maß an Offenheit müssen sich vor bestimmten Fallstricken in Acht nehmen. Die ständige Verlockung des Neuen und Anderen könnte ihre Aufmerksamkeit von der Hauptaufgabe ablenken und zu einer Streuung von Energie und Ressourcen führen. Etablierte Normen und Praktiken in jeder Organisation haben oft tief verwurzelte Gründe für ihre Existenz. Es ist zwar lobenswert, nach neuen Ansätzen zu suchen, aber die Führungskräfte müssen sicherstellen, dass sie triftige Gründe haben, um von etablierten Normen abzuweichen. Es besteht auch die Gefahr, dass das ständige Streben nach Neuem dazu führt, dass Situationen zu sehr durchdacht werden, was wiederum zu Verzögerungen bei der Entscheidungsfindung führt.

Gewissenhaftigkeit, eine wichtige Facette des Big-Five-Persönlichkeitsmodells, umfasst Eigenschaften, die mit Zuverlässigkeit, Organisation und systematischem Vorgehen verbunden sind. Personen mit einem hohen Maß an Gewissenhaftigkeit sind nicht nur verantwortungsbewusst, sondern auch sehr stolz auf ihr Organisationstalent und ihre Fähigkeit, Aufgaben mit Genauigkeit auszuführen.

Eine Führungskraft, die von Gewissenhaftigkeit durchdrungen ist, erweist sich oft als ein Leuchtturm der Verlässlichkeit innerhalb einer Organisation. Wenn sie sich engagiert, vertrauen Kollegen und Teammitglieder darauf, dass die Aufgabe nicht nur in Angriff genommen, sondern auch sorgfältig zu Ende geführt wird. Diese Beständigkeit in der Ausführung schafft Vertrauen und sorgt dafür, dass sich alle Beteiligten sicher fühlen, was die Richtung und das Ergebnis des Projekts angeht. Ihr methodischer Ansatz ist spürbar. Sie beginnen nicht einfach mit einer Aufgabe, sondern gehen mit Klarheit und einem gut durchdachten Plan vor, gehen auf jedes Detail ein und gewährleisten in jeder Phase Gründlichkeit. Diese Akribie zeigt sich auch darin, wie sie die Standards innerhalb der Organisation aufrechterhalten. Für sie gibt es Prozesse aus einem bestimmten Grund, um Konsistenz zu gewährleisten, Fehler zu minimieren und verlässliche Ergebnisse zu erzielen.

Wie bei allen Persönlichkeitsmerkmalen kann Gewissenhaftigkeit, wenn sie verstärkt oder in bestimmten Kontexten auftritt, eine Herausforderung darstellen. Führungskräfte mit dieser Eigenschaft können sich in stabilen Umgebungen, in denen Aufgaben systematisch geplant und ausgeführt werden können, auszeichnen. Angesichts schneller Veränderungen, die in der heutigen dynamischen Geschäftswelt an der Tagesordnung sind, kann es für sie jedoch entmutigend sein, sich schnell anzupassen. Die ihnen innewohnende Neigung zu gut durchdachten Plänen könnte spontane Anpassungen als befremdlich, wenn nicht gar als völlig kontraintuitiv erscheinen lassen. Außerdem sind Prozesse zwar unbestreitbar wichtig, um Konsistenz zu gewährleisten, aber eine übermäßige Abhängigkeit von ihnen kann Innovation und Reaktionsfähigkeit einschränken. Es besteht die Gefahr, dass sich diese Führungskräfte zu sehr an Prozessen orientieren und Lösungen übersehen, die nicht in ihren gewohnten Rahmen passen. Ein anderer Aspekt ihrer Detailorientierung, die oft eine Stärke ist, kann sie manchmal in die Falle des Überdenkens führen. Ihr Streben nach Perfektion in jedem Detail könnte wichtige Entscheidungen verzögern oder das übergeordnete Ziel in den Hintergrund treten lassen.

Extraversion ist eine lebendige Komponente des Big-Five-Persönlichkeitsmodells und zeichnet sich durch eine unverwechselbare Energie und Lebensfreude aus. Diejenigen, die diese Eigenschaft ausstrahlen, scheinen über ein unerschöpfliches Reservoir an Begeisterung zu verfügen, aus dem sie schöpfen, um sich aktiv mit der Welt um sie herum auseinanderzusetzen.

Führungskräfte, die extravertiert sind, stechen oft aus der Masse heraus, nicht nur weil sie das Rampenlicht suchen, sondern weil sie es von Natur aus anziehen. Ihre angeborene Fähigkeit, mit anderen in Kontakt zu treten, ermöglicht es ihnen, mit Leichtigkeit umfangreiche Netzwerke zu knüpfen. Solche Führungskräfte tauschen nicht nur Visitenkarten aus, sondern hinterlassen bleibende Eindrücke und verwandeln kurze Interaktionen in bedeutungsvolle Verbindungen.

Die Energie der extravertierten Führungskraft bleibt nicht auf sie selbst beschränkt. Sie breitet sich nach außen aus, beflügelt Teams und weckt kollektive Begeisterung. In Rollen, die öffentliche Interaktionen erfordern - seien es Präsentationen, Verhandlungen oder Teambesprechungen - bringen diese Führungskräfte nicht nur Leistung, sondern blühen auf. Sie nutzen ihr natürliches Charisma, um nicht nur die Aufmerksamkeit auf sich zu ziehen, sondern diese auch auf gemeinsame Ziele zu lenken. Wenn die Moral sinkt oder eine bestimmte Richtung benötigt wird, kann die extravertierte Führungspersönlichkeit wie ein Leuchtfeuer wirken, das die Stimmung im Team hebt und alle auf ein gemeinsames Ziel ausrichtet.

Jede Stärke kann, wenn sie nicht ausgeglichen ist, einen Schatten werfen. Der Durst der extravertierten Führungskraft nach äußeren Reizen, ihr Drang, mitten im Geschehen zu sein, kann zuweilen auf Kosten ruhigerer, introspektiver Momente gehen. Führung verlangt zwar Aktion, aber auch Zeiten der Reflexion, in denen über Strategien nachgedacht und künftige Wege abgesteckt werden. Es besteht die Gefahr, dass das ständige äußere Engagement die leisere, innere Stimme übertönt, die zum Innehalten, Nachdenken und zur Selbstreflexion auffordert.

Offenheit für Erfahrungen

Personen mit einer hohen Ausprägung dieser Eigenschaft zeichnen sich häufig durch ihre Neugier, Kreativität und eine Vorliebe für neue Erfahrungen aus. In einem Führungskontext ist es wahrscheinlicher, dass solche Personen innovative Ansätze annehmen, unkonventionelles Denken fördern und offen für unterschiedliche Standpunkte sind. Ihr Führungsstil könnte ein Umfeld des kontinuierlichen Lernens und Erforschens fördern. Auf der anderen Seite kann eine übermäßige Offenheit zu einem

Mangel an Konzentration oder einer Tendenz führen, von etablierten Normen ohne angemessenen Grund abzuweichen.

Gewissenhaftigkeit

Führungskräfte mit hoher Gewissenhaftigkeit sind in der Regel methodisch, organisiert und verlässlich. Sie legen Wert auf Beständigkeit und Fleiß und werden von einem Gefühl der Pflicht angetrieben. Solche Führungskräfte können das Rückgrat von Organisationen sein und dafür sorgen, dass Projekte zu Ende geführt und Standards eingehalten werden. Eine übermäßig gewissenhafte Führungskraft hat jedoch möglicherweise Probleme mit der Flexibilität und kann sich nur schwer an veränderte Gegebenheiten anpassen.

Extraversion

Extravertierte Führungskräfte sind kontaktfreudig, energiegeladen und fühlen sich in sozialen Situationen wohl. Ihr Charisma zieht oft Menschen zu ihnen hin, was sie für Aufgaben, die Networking, Teammotivation und öffentliches Reden erfordern, geeignet macht. Diese Führungspersönlichkeiten verstehen es, ihre Teams zu motivieren und sie für ein gemeinsames Ziel zu gewinnen. Ihre Lust an äußerer Stimulation kann jedoch manchmal das Bedürfnis nach Selbstbeobachtung oder tiefer, konzentrierter Arbeit überschatten.

Annehmlichkeit

Führungskräfte, die eine hohe Verträglichkeit aufweisen, sind mitfühlend, kooperativ und legen Wert auf harmonische Beziehungen. Ihre einfühlsame Art macht sie oft ansprechbar und fördert eine Kultur des Vertrauens und des gegenseitigen Respekts. Diese Eigenschaften sind zwar lobenswert, aber eine übermäßig angenehme Führungskraft könnte in Situationen, die harte Entscheidungen oder Konfrontationen erfordern, vor Herausforderungen stehen.

Neurotizismus (Emotionale Stabilität)

Diese Eigenschaft bezieht sich auf das Ausmaß, in dem Personen negative Emotionen wie Angst, Wut oder Depression erleben. Führungskräfte mit geringem Neurotizismus (oder hoher emotionaler Stabilität) neigen dazu, unter Druck ruhig zu bleiben, Herausforderungen zu bewältigen und sich von emotionalen Turbulenzen nicht so leicht aus der Ruhe bringen zu lassen. Umgekehrt haben Personen mit einem hohen Neurotizismus möglicherweise Probleme mit der Stressbewältigung und werden als weniger berechenbar wahrgenommen.

Sympathie ist eine besondere Facette des Big-Five-Persönlichkeitsmodells, die sich durch eine echte Affinität zur Förderung positiver zwischenmenschlicher Beziehungen auszeichnet. Führungspersönlichkeiten, die über eine hohe Verträglichkeit verfügen, strahlen Wärme und Verständnis aus. Ihr Führungsstil wird nicht von bloßen Protokollen oder Hierarchien diktiert, sondern von dem echten Wunsch, zu verstehen, zusammenzuarbeiten und ein harmonisches Arbeitsumfeld zu schaffen.

Solche Führungskräfte sind oft der Prüfstein für Empathie innerhalb einer Organisation. Sie haben die unheimliche Fähigkeit, den Puls ihrer Teams zu fühlen, ihre Freuden und Sorgen zu verstehen und mit Mitgefühl zu reagieren. Dieser tiefe Sinn für Einfühlungsvermögen macht sie von Natur aus ansprechbar. Kollegen und Untergebene betrachten sie nicht nur als Aushängeschilder, sondern als Vertrauenspersonen, was eine Kultur fördert, in der eine offene Kommunikation gefördert und mühelos Vertrauen aufgebaut wird.

Einvernehmlichkeit äußert sich auch in einem kooperativen Geist. Diese Führungskräfte sind seltener autokratisch oder herrschsüchtig. Stattdessen glauben sie an gemeinschaftliche Anstrengungen, die Bündelung verschiedener Perspektiven und Entscheidungen, die die kollektive Weisheit widerspiegeln. Ein solcher integrativer Ansatz kann entscheidend dazu beitragen, ein enges Team zu formen, in dem sich die Mitglieder geschätzt und gehört fühlen.

Gerade die Stärken, die angenehme Führungskräfte so beliebt machen, können manchmal auch ihre Achillesferse sein. Ihr innewohnender Wunsch, Harmonie zu wahren und Konflikte zu vermeiden, kann manchmal zum Hindernis werden. Eine Führungsposition erfordert naturgemäß schwierige Entscheidungen, und nicht jede Entscheidung wird auf allgemeine Zustimmung stoßen. Es gibt Zeiten, in denen schwierige Gespräche notwendig sind, in denen unpopuläre Entscheidungen getroffen werden müssen oder in denen unzureichende Leistungen angesprochen werden müssen. Eine übermäßige Betonung der Wahrung des Einvernehmens kann solche Situationen für sehr angenehme Führungskräfte zu einer Herausforderung machen. Es besteht die Gefahr, dass sie entscheidenden Fragen aus dem Weg gehen, um sich nicht zu verletzen.

Neurotizismus und sein positiveres Gegenstück, die emotionale Stabilität, geben Aufschluss über die emotionale Belastbarkeit und Reaktionsfähigkeit einer Person. Diese Dimension, die im Mittelpunkt des Big-Five-Persönlichkeitsmodells steht, gibt uns Aufschluss darüber, wie Personen mit Stress, Herausforderungen und unerwarteten Ereignissen umgehen.

Führungspersönlichkeiten, die über eine hohe emotionale Stabilität verfügen, erweisen sich als Felsen in der Brandung. Sie strahlen ein ruhiges und ausgeglichenes Verhalten aus, ungeachtet des äußeren Drucks oder der Herausforderungen, mit denen sie konfrontiert sind. Ihre Fähigkeit, gelassen zu bleiben, kommt nicht nur ihnen selbst zugute, sondern dient als Anker für das gesamte Team. In chaotischen Situationen suchen Teams oft bei ihren Führungskräften nach Orientierung und Beruhigung. Eine Führungspersönlichkeit mit einem ausgeprägten Sinn für emotionale Stabilität sorgt für die entscheidende Beruhigung, indem sie das Team mit klarem Kopf und ruhigem Geist leitet. Ihre Gelassenheit im Angesicht von Widrigkeiten hilft nicht nur dabei, rationale Entscheidungen zu treffen, sondern flößt dem Team auch Vertrauen ein und gibt ihm die Gewissheit, dass Herausforderungen gemeistert werden können.

Umgekehrt stehen Führungskräfte mit erhöhtem Neurotizismus in der Welt der Führung vor anderen Herausforderungen. Ihre erhöhte emotionale Reaktionsfähigkeit bedeutet, dass große oder kleine Belastungen tiefgreifendere emotionale Reaktionen hervorrufen können. Solche Führungskräfte befinden sich möglicherweise in einem ständigen Wechselbad der Gefühle, das von Angst bis hin zu Reizbarkeit reicht, insbesondere wenn sich Situationen nicht wie erwartet entwickeln. Ein gewisses Maß an emotionaler Sensibilität kann zwar von Vorteil sein, da die Führungskräfte dadurch besser auf die Feinheiten ihrer Umgebung und ihres Teams eingehen können, doch kann ein übermäßiger Neurotizismus ein konsequentes Stressmanagement zu einer Herausforderung machen. Dies kann mit der Zeit dazu führen, dass der Führungsstil als unberechenbar empfunden wird. Die Teams können die Reaktionen ihrer Führungskraft nur schwer einschätzen oder trauen sich nicht, schlechte Nachrichten oder Herausforderungen an sie heranzutragen.

Für Führungskräfte ist es von zentraler Bedeutung, die Nuancen dieser Eigenschaften zu erkennen. Es geht nicht darum, ihnen etwas vorzuschreiben, sondern ihnen einen Spiegel vorzuhalten, in dem sich die ihnen innewohnenden Tendenzen widerspiegeln und der es ihnen ermöglicht, ihre Stärken zu nutzen und die Bereiche zu erkennen, die Aufmerksamkeit erfordern. Schließlich geht es bei der Führung nicht darum, in eine bestimmte Form zu passen, sondern darum, sich selbst zu verstehen, sich an den Kontext anzupassen und Teams mit Authentizität und Einsicht zu führen.

Das komplizierte Wechselspiel zwischen diesen Persönlichkeitsmerkmalen und der Führung unterstreicht die Bedeutung der Selbsterkenntnis. Zwar ist keine bestimmte Kombination von Merkmalen ein Garant für eine erfolgreiche Führung, doch das Verständnis der eigenen Veranlagungen kann Führungskräfte in die Lage versetzen, ihre Stärken zu nutzen und auf potenzielle Wachstumsbereiche zu achten. Darüber hinaus ist es wichtig zu erkennen, dass die Effektivität einer Führungskraft nicht nur von individuellen Eigenschaften abhängt, sondern auch davon, wie diese Eigenschaften mit dem spezifischen Kontext, der Teamdynamik und der Organisationskultur, in der eine Führungskraft tätig ist, zusammenpassen.

Emotionale Intelligenz

Emotionale Intelligenz (EI) ist mehr als nur ein Schlagwort im Führungslexikon; sie ist ein Eckpfeiler effektiver Führung im modernen Zeitalter. EI ist tief im Zusammenspiel persönlicher und sozialer Kompetenzen verwurzelt und verleiht Führungskräften die Fähigkeit, ihre eigenen Emotionen zu erkennen, zu verstehen und zu steuern und gleichzeitig die Emotionen der Menschen um sie herum zu verstehen und zu beeinflussen.

Die erste und grundlegendste Komponente der EI ist die Selbstwahrnehmung. Eine Führungskraft mit einem ausgeprägten Selbstbewusstsein kennt ihre emotionalen Auslöser, Stärken und Wachstumsbereiche. Diese introspektive Einsicht ermöglicht es ihnen, auf herausfordernde Situationen mit Klarheit und Unterscheidungsvermögen zu reagieren, anstatt impulsiv zu reagieren.

Die Grundlage der Selbstwahrnehmung ist die Selbstregulierung. Führungskräfte, die in der Lage sind, ihre Emotionen zu regulieren, können durch die turbulenten Gewässer von Konflikten, Stress und Entscheidungen unter hohem Druck navigieren, ohne sich von ihren unmittelbaren Emotionen übermäßig beeinflussen zu lassen. Indem sie Ruhe bewahren und emotionale Belastbarkeit zeigen, geben sie ein positives Beispiel für ihr Team ab und schaffen ein Umfeld der Stabilität und des Vertrauens.

Motivation, eine weitere Facette der EI, geht über bloße externe Belohnungen oder Anerkennungen hinaus. Führungskräfte mit intrinsischer Motivation werden von einem tieferen Zweck und einer echten Leidenschaft für ihre Arbeit angetrieben. Dieser innere Antrieb ist ansteckend und inspiriert Teams, gemeinsame Ziele mit Engagement und Begeisterung zu verfolgen.

Es gibt die Empathie, die Fähigkeit, die Gefühle eines anderen wirklich zu verstehen und zu teilen. Einfühlsame Führungskräfte haben ein Gespür für die subtilen emotionalen Unterströmungen innerhalb ihrer Teams. Sie können die Stimmung einschätzen, Bedenken vorhersehen und mögliche Probleme ansprechen, bevor sie eskalieren. Solche Führungskräfte schaffen eine Kultur, in der sich die Teammitglieder gehört, geschätzt und verstanden fühlen.

Soziale Kompetenzen in der EI umfassen die Fähigkeit einer Führungskraft, zwischenmenschliche Beziehungen mit Umsicht und Einfühlungsvermögen zu gestalten. Hier kommt der komplizierte Tanz der Kommunikation, Konfliktlösung und Zusammenarbeit ins Spiel. Führungskräfte mit ausgefeilten sozialen Fähigkeiten können starke Beziehungen fördern, kohäsive Teams aufbauen und die kollektive Energie auf gemeinsame Ziele lenken.

In der vielfältigen und dynamischen Welt der Führung ist emotionale Intelligenz nicht nur ein Vorteil, sondern eine

Notwendigkeit. Sie befähigt Führungskräfte, echte Beziehungen zu knüpfen, Herausforderungen mit Anmut zu meistern und ein Umfeld zu schaffen, in dem Teams sowohl beruflich als auch persönlich gedeihen können.

Emotionale Intelligenz ist in ihrem Kern mit verschiedenen psychologischen Konstrukten verflochten und verschafft Führungskräften einen Vorteil beim Verstehen und Navigieren durch das komplizierte Netz menschlicher Interaktionen und Reaktionen in einem organisatorischen Umfeld.

Emotionale Intelligenz beruht auf der Erkenntnis, dass unsere Emotionen keine bloßen Reaktionen sind, sondern informative Signale über unseren inneren Zustand und die äußeren Umstände. Die Nuancen der emotionalen Reaktionen sind sowohl in evolutionären Anpassungen als auch in persönlichen Erfahrungen begründet. So könnte beispielsweise Angst einst eine Bedrohung in unserer Umgebung signalisiert haben, die eine Kampf- oder Fluchtreaktion auslöste. In der modernen Welt haben sich zwar die Bedrohungen geändert - wie eine drohende Frist oder eine wichtige Präsentation -, aber die emotionale Reaktion ist nach wie vor tief in unserer Psyche verwurzelt.

Führungskräfte mit hoher emotionaler Intelligenz verfügen über die angeborene Fähigkeit, diese emotionalen Reaktionen zu entschlüsseln, nicht nur bei sich selbst, sondern auch bei ihren Teams. Sie erkennen, dass hinter jeder Emotion eine Fülle von Informationen über den aktuellen Gemütszustand einer Person, ihre Vorlieben, Werte und sogar ihre zugrundeliegenden Motivationen steckt. Solche Führungskräfte reagieren nicht nur auf Emotionen, sondern interpretieren und agieren auf eine Weise, die sowohl aufschlussreich als auch konstruktiv ist.

Der Bereich der emotionalen Intelligenz erstreckt sich auch auf kognitive Prozesse. Emotionen und Kognition sind untrennbar miteinander verbunden. Der Entscheidungsprozess einer

Führungskraft basiert beispielsweise nicht nur auf Logik oder vorliegenden Informationen. Er wird oft von ihrem emotionalen Zustand beeinflusst. Wenn sie diese Wechselwirkung verstehen, sind emotional intelligente Führungskräfte besser in der Lage, kognitive Verzerrungen, die durch Emotionen hervorgerufen werden können, abzumildern und sicherzustellen, dass Entscheidungen abgerundet sind und sowohl logische als auch emotionale Facetten berücksichtigen.

Empathie, ein Eckpfeiler der emotionalen Intelligenz, ist tief in unserer Neurobiologie verwurzelt. Neurowissenschaftler haben "Spiegelneuronen" in unseren Gehirnen identifiziert, die uns helfen, mit den Gefühlen anderer mitzugehen. Führungskräfte mit einem ausgeprägten Sinn für Empathie nutzen dieses neuronale Netzwerk, so dass sie "fühlen" können, was ihr Team fühlt. Dieser Spiegelungsprozess ermöglicht es Führungskräften, auf Bedenken einzugehen, Konflikte zu schlichten und ein integratives Umfeld zu schaffen, in dem sich jedes Mitglied verstanden und geschätzt fühlt.

Auf einer tieferen psychologischen Ebene ist die emotionale Intelligenz auch mit unserem Selbstkonzept und unserem Selbstwert verbunden. Emotional intelligente Führungspersönlichkeiten haben oft ein sicheres Selbstverständnis. Sie sind weder übermäßig kritisch noch unrealistisch optimistisch, was ihre Fähigkeiten und ihren Wert angeht. Diese ausgewogene Selbsteinschätzung befähigt sie, mit Feedback umzugehen, Misserfolge zu bewältigen und Erfolge mit Anmut und Demut anzugehen.

Durch die Brille der Psychologie betrachtet, stellt sich emotionale Intelligenz als eine harmonische Mischung aus evolutionären Anpassungen, kognitiven Prozessen, Neurobiologie und persönlichen Erfahrungen dar. Bei emotional intelligenter Führung geht es also nicht nur darum, Gefühle zu verstehen, sondern auch darum, tief in die Psyche einzudringen, um

Beziehungen zu fördern, Vertrauen zu schaffen und mit Authentizität und Einsicht zu führen.

Eigenschaften der dunklen Triade in der Führung

Während Eigenschaften wie die emotionale Intelligenz oft für ihre positiven Auswirkungen auf die Führung gelobt werden, ist es auch wichtig, die eher unheilvolle Seite der Persönlichkeit und ihren Einfluss auf den Führungsstil zu erforschen. Hier kommt die dunkle Triade ins Spiel: eine Reihe von drei Persönlichkeitsmerkmalen, die zwar kurzfristig von Vorteil sind, sich aber auf lange Sicht in Führungspositionen als nachteilig erweisen können. Die dunkle Triade besteht aus Narzissmus, Machiavellismus und Psychopathie.

Narzissmus in Führungspositionen äußert sich häufig in einem gesteigerten Gefühl der Selbstüberschätzung und einem ständigen Bedürfnis nach Bewunderung. Narzisstische Führungskräfte können ein grandioses Selbstverständnis haben und glauben, dass sie über einzigartige Fähigkeiten verfügen, die andere nicht haben. Während ihr Selbstvertrauen Teams manchmal vorantreiben kann, können ihre mangelnde Rücksichtnahme auf andere und ihre Empfindlichkeit gegenüber Kritik zu Spaltungen im Team führen und die Zusammenarbeit behindern.

Machiavellismus ist gekennzeichnet durch Manipulation und Ausbeutung anderer, wobei der Zweck die Mittel heiligt. Führungskräfte mit ausgeprägten machiavellistischen Zügen sind oft strategisch und können sich geschickt in der Organisationspolitik bewegen, was jedoch auf Kosten ethischer Überlegungen geht. Ihre Fokussierung auf den persönlichen Gewinn, manchmal zum Nachteil anderer, kann das Vertrauen untergraben und ein toxisches Arbeitsumfeld schaffen.

Schließlich ist die **Psychopathie,** auch wenn sie weniger häufig vorkommt, in Führungspositionen besonders problematisch.

Führungskräfte mit psychopathischen Zügen können einen Mangel an Reue, oberflächliche Emotionen und Impulsivität aufweisen. Ihre Risikobereitschaft kann manchmal zu kurzfristigen Gewinnen führen, aber ihre Unfähigkeit, echte emotionale Bindungen aufzubauen, und ihre Neigung zu unethischem Verhalten können langfristig schwerwiegende Folgen für Organisationen haben.

Es ist wichtig, diese dunklen Eigenschaften zu verstehen, nicht um zu stereotypisieren oder zu stigmatisieren, sondern um sich der potenziellen Fallstricke und Herausforderungen in der Führungsdynamik bewusst zu sein. Auch wenn nicht jede Führungskraft mit diesen Eigenschaften negative Verhaltensweisen an den Tag legt, kann das Erkennen der Anzeichen Teams und Organisationen dabei helfen, ein gesundes und kollaboratives Arbeitsumfeld zu schaffen.

Die Erforschung der Persönlichkeit von Führungskräften ist umfangreich und vielschichtig. Von den positiven Einflüssen der Big Five und der emotionalen Intelligenz bis hin zu den Herausforderungen, die die dunkle Triade mit sich bringt - das Verständnis des komplizierten Zusammenspiels dieser Eigenschaften bietet eine reichhaltigere, nuanciertere Sicht auf die Führung in verschiedenen Kontexten.

Aus psychologischer Sicht ist die Häufigkeit von Personen mit Merkmalen der Dunklen Triade in Führungspositionen ein faszinierendes Phänomen. Diese Häufigkeit lässt sich auf ein Zusammenspiel von Faktoren zurückführen, die dazu führen, dass solche Persönlichkeiten nicht nur auf der Führungsleiter aufsteigen, sondern manchmal auch darin gedeihen:

Charisma und Selbstvertrauen

Eines der Kennzeichen der Dunklen Triade, das besonders beim Narzissmus zum Tragen kommt, ist ein unverwechselbares

Charisma. Diese Personen strahlen eine Zuversicht aus, die viele als anziehend empfinden, und ihre Fähigkeit, sich selbstsicher zu präsentieren, zieht die Menschen in ihrer Umgebung oft in ihren Bann. In Situationen, in denen es auf den ersten Eindruck ankommt, wie z. B. bei Vorstellungsgesprächen oder im Wahlkampf, wird dieses Charisma zu einem wirkungsvollen Instrument. Es verschafft ihnen einen eindeutigen Vorteil und positioniert sie als natürliche Führungspersönlichkeiten oder als Menschen, die das Kommando übernehmen können.

Risikobereitschaft

Die Neigung zu impulsivem Handeln, die innerhalb der Dunklen Triade oft mit Psychopathie assoziiert wird, eignet sich für gewagte Entscheidungen. In volatilen Bereichen oder unvorhersehbaren Situationen können solche kühnen Entscheidungen gelegentlich zu bemerkenswerten Erfolgen führen. Diese Risikoaffinität kann als visionär oder bahnbrechend angesehen werden, vor allem wenn solche Risiken zu positiven Ergebnissen führen. Es ist jedoch wichtig, sich der zweischneidigen Natur dieser Eigenschaft bewusst zu sein, da dieselben Risiken zu erheblichen Misserfolgen oder Schäden führen können.

Manipulative Fertigkeiten

Bei der Führung geht es in vielerlei Hinsicht darum, andere zu beeinflussen - ihre Gedanken zu formen, ihre Handlungen aufeinander abzustimmen und sie auf ein gemeinsames Ziel zu lenken. In diesem Bereich zeigen sich die machiavellistischen Tendenzen der Manipulation und des strategischen Manövrierens. Personen mit ausgeprägtem Machiavellismus oder sogar mit ausgeprägten narzisstischen Zügen haben ein Händchen dafür, Szenarien zu gestalten oder Einzelpersonen so zu beeinflussen, dass sie in ihr Narrativ passen oder ihre Ziele fördern.

Es ist wichtig zu betonen, dass das bloße Vorhandensein dieser Eigenschaften der Dunklen Triade keine Garantie für eine wirksame oder moralische Führung ist. In der Tat kommt es in vielen Organisationen, die von solchen Führungskräften geleitet werden, zu verstärktem internem Streit, vermindertem Teamgeist und einem Umfeld, in dem unethische Praktiken eher die Norm als die Ausnahme sind. Daher ist es unerlässlich, die psychologischen Feinheiten der dunklen Triade im Führungskontext zu verstehen. Ein solches Verständnis ermöglicht es Organisationen, Sicherheitsvorkehrungen zu treffen und eine Führung zu fördern, die nicht nur effektiv ist, sondern auch die Säulen der Ethik und Integrität aufrechterhält.

Übung 3: Emotionale Intelligenz in Führungspositionen: "Workshop zur Navigation von Emotionen"

Zielsetzung: Vertiefen Sie sich in die Facetten der emotionalen Intelligenz (EI) und verstehen Sie ihren tiefgreifenden Einfluss auf die Führung. Durch das Erkennen, Interpretieren und Reagieren auf Emotionen, sowohl bei sich selbst als auch bei anderen, werden Sie Ihre Führungsfähigkeiten verbessern.

Aktivität: Rollenspiel zu Gefühlen

Benötigte Materialien:

Emotionskarten: Auf diesen Karten stehen verschiedene Szenarien oder Situationen, die bestimmte Gefühle hervorrufen. Anweisungen:

Emotionale Intelligenz auspacken: Emotionale Intelligenz besteht aus fünf Komponenten:
1. Selbstwahrnehmung: Erkennen der eigenen Emotionen, wenn sie auftreten.
2. Selbstregulierung: Steuerung und Anpassung der eigenen Emotionen an die jeweilige Situation.
3. Motivation: Der Antrieb, Ziele aus persönlichen Gründen zu erreichen, die nicht nur auf äußere Belohnungen zurückzuführen sind.
4. Einfühlungsvermögen: Das Erkennen und Verstehen der Gefühle anderer.
5. Soziale Fähigkeiten: Beziehungen pflegen und Netzwerke effektiv aufbauen.

Emotionen-Rollenspiel
a. Teilen Sie sich in Paare auf. Jedes Paar wählt eine Gefühlskarte aus, die ein Szenario beschreibt. Eine Person des Paares spielt das

Szenario nach, während die andere versucht, die gezeigte Emotion zu interpretieren.

b. Nach dem Durchspielen des Szenarios besprechen die Beobachter die Emotionen, die sie interpretiert haben, wie sie sich dabei gefühlt haben, und geben Feedback, wie das Szenario mit Hilfe der Komponenten der EI angegangen werden könnte.

c. Tauschen Sie die Rollen und wiederholen Sie den Vorgang mit einer neuen Gefühlskarte.

Gruppenreflexion

a. Nachdem alle Paare das Rollenspiel beendet haben, kommen Sie als Gruppe wieder zusammen.

b. Diskutieren Sie die Herausforderungen und Enthüllungen, die Sie während des Rollenspiels erlebt haben. War es einfach, Emotionen zu interpretieren? Wie hat Ihnen das Feedback Ihres Partners geholfen, die Bedeutung von EI in der Führung zu verstehen?

Emotionale Intelligenz in Aktion

a. Denken Sie über eine vergangene Situation nach, in der emotionale Intelligenz (oder ein Mangel daran) eine Schlüsselrolle spielte. Wie hätte ein stärkeres Verständnis der EI das Ergebnis verändern können?

b. Tauschen Sie sich mit der Gruppe über Ihre Überlegungen aus und diskutieren Sie Strategien zur Verbesserung der EI in ähnlichen zukünftigen Situationen.

Nachbesprechung: Bei der emotionalen Intelligenz geht es nicht nur um das Erkennen von Emotionen, sondern auch darum, dieses Bewusstsein zu nutzen, um stärkere Beziehungen zu fördern, fundierte Entscheidungen zu treffen und mit Einfühlungsvermögen und Verständnis zu führen. Auf Ihrem weiteren Weg als Führungskraft wird die Kultivierung der emotionalen Intelligenz entscheidend dazu beitragen, komplexe zwischenmenschliche Dynamiken zu bewältigen und ein positives und produktives Umfeld zu fördern.

Durch diese Übung gewinnen Sie praktische Erfahrung im Erkennen und Interpretieren von Emotionen, im konstruktiven Einsatz dieser Emotionen in Führungsszenarien und im Verstehen der tiefgreifenden Auswirkungen emotionaler Intelligenz auf die Führungseffektivität.

Kapitel 4: Die Sozialpsychologie der Führung

Führung ist in ihrem Wesen nicht nur ein individuelles Unterfangen: Sie gedeiht in den Feinheiten menschlicher Interaktionen und sozialer Strukturen. Wenn wir tiefer in das Verständnis von Führung eintauchen, können wir die sozialen Hintergründe nicht übersehen, die die Wege der Führung formen, herausfordern und oft neu definieren. In diesem Kapitel, das auf dem reichhaltigen Terrain der Sozialpsychologie verankert ist, wird das tiefgreifende Zusammenspiel zwischen Führung und den vielfältigen Dimensionen des menschlichen Sozialverhaltens untersucht.

Das Herzstück der Führung ist die Gruppendynamik. Führungskräfte agieren nicht isoliert; sie sind Teil von Teams, Organisationen, Gemeinschaften und Gesellschaften. Die Art und Weise, wie sich Einzelpersonen innerhalb dieser Gruppen verhalten - ob sie harmonisch auf ein gemeinsames Ziel hinarbeiten oder aufgrund unterschiedlicher Interessen in Konflikt geraten -, beeinflusst Führungsansätze und -ergebnisse in erheblichem Maße. Was aber ist der Auslöser für dieses Gruppenverhalten? Wie navigieren Führungskräfte durch die trüben Gewässer der Gruppenvorurteile, der internen Politik und der kollektiven Bestrebungen?

Ebenso zentral für den Diskurs über Führung ist das Konzept der Macht. Macht hat nicht nur mit autoritären Befehlen zu tun, sondern ist ein nuanciertes Werkzeug, das auf vielfältige Weise eingesetzt werden kann. Die Quellen, aus denen Führungspersönlichkeiten ihre Macht beziehen - sei es durch Fachwissen, Charisma oder formale Positionen -, prägen ihre Einflussstrategien maßgeblich. Darüber hinaus kann die Art und Weise, wie Führungskräfte diese Macht ausüben - ob sie sie mit Bedacht zum Wohle der Allgemeinheit einsetzen oder sie für persönliche Vorteile missbrauchen - unauslöschliche Spuren in ihrem Führungserbe hinterlassen.

Der Tanz der Führungskräfte mit der Sozialpsychologie endet nicht bei Gruppendynamik und Macht allein. Wir sind gezwungen, uns mit Konzepten wie Konformität, Compliance und Gehorsam auseinanderzusetzen. Diese Elemente halten der Gesellschaft einen Spiegel vor und spiegeln wider, wie der Einzelne oft auf Autorität und Gruppenzwang reagiert. Wann ist das Festhalten eines Teams an der Vision einer Führungskraft ein Zeichen von Anpassung und wann grenzt es an blinden Gehorsam? Wo verschwimmt die Grenze zwischen konstruktiver Konformität und erstickender Uniformität?

In diesem Kapitel werden wir uns auf eine Reise durch die weiten Korridore der Sozialpsychologie begeben, um diese und weitere Fragen zu klären. Unser Ziel ist es, ein umfassendes Verständnis von Führung zu vermitteln, nicht nur als einsames Streben, sondern als eine dynamische Einheit, die tief mit dem sozialen Gefüge menschlicher Interaktionen verwoben ist. Wir hoffen, den Lesern auf diese Weise Einsichten und Werkzeuge an die Hand zu geben, die sie in die Lage versetzen, nicht nur effektive Führungskräfte zu sein, sondern auch bewusste Navigatoren des komplexen sozialen Terrains, auf dem sie sich bewegen.

Sozialpsychologie

Die Sozialpsychologie kann man sich als den komplizierten Wandteppich menschlicher Interaktion vorstellen, der die Fäden individueller Gedanken, Gefühle und Verhaltensweisen unter dem übergreifenden Dach der gesellschaftlichen Präsenz zusammenwebt. Sie taucht tief in das Reservoir der menschlichen Natur ein und bringt ans Licht, wie sich unsere Überzeugungen und Handlungen in der Gesellschaft anderer verändern, sei es durch direkte Interaktionen, imaginäre Szenarien oder gesellschaftliche Normen. Auf unserer Reise durch dieses Kapitel dient uns diese Disziplin als Kompass, der uns durch die gesellschaftlichen Landschaften führt, die die Führungsdynamik prägen.

Leiterschaft

Führung, ein Begriff, der oft mit einem Hauch von Erhabenheit umhüllt ist, ist im Kern ein zutiefst menschliches Unterfangen. Es ist die Kunst und Wissenschaft der Beeinflussung, ein komplizierter Tanz, bei dem es darum geht, Menschen zu einem gemeinsamen Horizont zu führen. Jenseits von Titeln und Hierarchien findet Führung ihren Niederschlag im Herzschlag der Inspiration, in den Händen, die Visionen in die Realität umsetzen, und in den Stimmen, die sich über Herausforderungen erheben, um den kollektiven Geist zu wecken. Im Theater der sozialen Interaktionen ist Führung sowohl das Drehbuch als auch die Aufführung, die sich als Reaktion auf die sich ständig verändernde Dynamik des menschlichen Verhaltens ständig weiterentwickelt.

Die Rolle der Gruppendynamik in der Führungsarbeit

Führung entfaltet sich nicht in einem Vakuum. Sie erblüht und entwickelt sich in den reichen und oft unvorhersehbaren Gärten der Gruppendynamik. Zwar sind individuelle Kompetenz und Visionen unverzichtbare Bestandteile effektiver Führung, aber es ist der größere Tanz der zwischenmenschlichen Beziehungen, des Gruppenzusammenhalts und der gemeinsamen Ziele, die letztlich den Weg und den Erfolg von Führungsbemühungen bestimmen.

Eine Symphonie der Interaktionen

Die Analogie mit dem Orchester ist nicht nur eine poetische Darstellung der Gruppendynamik, sondern bringt auch die komplizierten Nuancen der Führung in einem kollektiven Umfeld zum Ausdruck. In jedem Orchester, vom tiefen Timbre der Celli über das helle Funkeln der Flöten bis hin zum gleichmäßigen Rhythmus der Schlaginstrumente, hat jedes Instrument seine eigene Stimme. In ähnlicher Weise spiegeln die verschiedenen Persönlichkeiten in jeder Gruppe diese musikalischen Eigenschaften wider. Einige Mitglieder strahlen die

Durchsetzungskraft einer Trompete aus, während andere vielleicht die kontemplative Tiefe einer Geige widerspiegeln. Das Erkennen und Nutzen dieser unterschiedlichen "musikalischen" Eigenschaften ermöglicht es einem Leiter, ein harmonisches Ensemble zu schaffen, in dem jedes Mitglied am besten zur Geltung kommt.

Bevor bei einer musikalischen Darbietung die erste Note gespielt wird, findet ein Moment der Stimmung statt. Die Musiker stellen akribisch sicher, dass ihre Instrumente miteinander harmonieren. Um eine Parallele zu ziehen: Effektive Führung in Gruppen erfordert einen ähnlichen "Tuning"-Prozess, der in Form von Teambuilding-Übungen, Schulungen oder offenen Dialogen stattfinden kann. Auf diese Weise wird sichergestellt, dass alle Beteiligten in Bezug auf Zielsetzung, Verständnis und Motivation auf einer Linie liegen, was die Grundlage für ein harmonisches gemeinsames Unterfangen bildet.

Die Rolle eines Dirigenten in einem Orchester geht über die Festlegung des Tempos hinaus. Sie hauchen der Partitur Leben ein, interpretieren ihre Nuancen, bringen Emotionen hervor und führen das Orchester durch die Erzählung der Komposition. Ebenso sind Dirigenten mehr als nur Entscheidungsträger; sie spüren den Puls der Gruppe und führen sie durch das Auf und Ab der Dynamik und sorgen dafür, dass jeder Beitrag oder jede "Note" den ihr gebührenden Platz findet.

Selbst in den harmonischsten Umgebungen sind Momente der Unstimmigkeit unvermeidlich. In der Musik kann eine Note fehlen, eine Saite reißen oder ein Instrument versagen. In Gruppen treten diese Störungen als Konflikte oder Missverständnisse auf. Eine erfahrene Führungspersönlichkeit zeichnet sich dadurch aus, wie sie mit diesen Momenten umgeht, ähnlich wie ein erfahrener Dirigent. Anstatt sich entgleisen zu lassen, passen sie sich an, orientieren sich neu und verwandeln diese Herausforderungen manchmal in unerwartete Momente der Brillanz.

Am Ende einer erfolgreichen Sinfonie gibt es oft eine Zugabe, eine Bestätigung der Resonanz beim Publikum. Im Bereich der Führung steht diese Zugabe für die nachhaltige Wirkung, die eine geschlossene Gruppe haben kann, sei es in Form des Erreichens noch nie dagewesener Ziele oder des Vorantreibens eines transformativen Wandels. Es ist eine Erinnerung daran, dass Führung nicht nur darauf abzielen sollte, Erwartungen zu erfüllen, sondern sie zu übertreffen und ein Vermächtnis zu schaffen, das noch lange nach dem letzten Ton nachhallt.

Die Symphonie der Interaktionen unterstreicht den delikaten, aber wirkungsvollen Tanz der individuellen Beiträge innerhalb eines Kollektivs. Sie ist ein anschauliches Zeugnis dafür, dass es bei der Führung darum geht, einzigartige Stärken zu würdigen und sie gleichzeitig nahtlos in ein resonantes, zusammenhängendes Ganzes zu integrieren.

Rollen und Verantwortlichkeiten: Das Gefüge der Gruppendynamik

Jede Gruppe, unabhängig von ihrer Art oder ihrem Zweck, ist ein Schmelztiegel verschiedener Individuen, von denen jedes eine einzigartige Reihe von Eigenschaften, Perspektiven und Erfahrungen mitbringt. Diese Eigenschaften führen oft dazu, dass der Einzelne bestimmte Rollen innerhalb der Gruppe einnimmt, ähnlich wie die Akteure in einer Theateraufführung.
Stellen Sie sich ein Team wie eine Theaterbühne vor. Einige Personen stehen von Natur aus im Mittelpunkt und ziehen mit ihrem Charisma, ihrem Selbstvertrauen und ihrer Fähigkeit, Ideen zu artikulieren, das Rampenlicht auf sich. Dies sind die lautstarken Befürworter, die oft das Gesicht der Gruppe sind und ihre Ziele, Werte und Anliegen artikulieren. Ihre Energie kann die Diskussionen beleben und den Verlauf der Gruppenberatungen beeinflussen.

Dann, im Schatten, die stillen Strategen. Diese Personen stehen vielleicht nicht immer mit großen Reden auf der Bühne, aber ihre analytischen Fähigkeiten, tiefen Einsichten und durchdachten Beiträge bilden das Rückgrat der Strategien der Gruppe. Sie blühen in den Details auf, entwerfen akribisch Pläne, sehen Herausforderungen voraus und schlagen Alternativen vor. Ihre Stärke liegt nicht in der Lautstärke ihrer Stimme, sondern in der Tiefe ihrer Gedanken.

Eine weitere Ebene der Komplexität sind die Fürsprecher des Teufels. Diese Personen stellen den Status quo in Frage, hinterfragen gängige Meinungen und vertreten alternative Standpunkte. Auch wenn sie manchmal als Querdenker wahrgenommen werden, ist ihre Rolle unerlässlich. Indem sie dafür sorgen, dass jede Idee gründlich untersucht und geprüft wird, schützen sie die Gruppe vor möglichen Versäumnissen und Vorurteilen.

Aber die Rollenverteilung ist noch nicht zu Ende. Es gibt auch die Friedensstifter, die Gräben überbrücken und Konflikte schlichten, die Motivatoren, die die Moral der Gruppe in schwierigen Zeiten heben, und die Umsetzer, die die Ärmel hochkrempeln und Strategien in greifbare Aktionen umsetzen.

Für eine Führungskraft ist das Verständnis dieser Rollen nicht nur eine passive Beobachtung, sondern eine aktive Verantwortung. Führungskräfte müssen in der Lage sein, die Stärken und Neigungen ihrer Teammitglieder zu erkennen. Dazu gehört es, aktiv zuzuhören, zu beobachten und manchmal sogar die Mitglieder zu ermutigen, aus ihrer Komfortzone herauszutreten. Sobald diese Rollen identifiziert sind, haben die Führungskräfte die Aufgabe, jedes Mitglied so zu positionieren, dass sein Potenzial maximiert wird. Das kann bedeuten, dem stillen Strategen eine Plattform zu geben, um seine Ideen zu präsentieren, oder den lautstarken Verfechter mit einem Fürsprecher des

Teufels zu paaren, um eine abgerundete Diskussion zu gewährleisten.

Das Schöne an den Rollen und Verantwortlichkeiten innerhalb einer Gruppe ist, dass sie fließend sind. Im Laufe der Zeit, wenn sich die Gruppendynamik entwickelt und die einzelnen Mitglieder wachsen, können sich diese Rollen verschieben und verändern. Der einst schweigsame Stratege findet vielleicht seine Stimme, während der lautstarke Verfechter die Vorzüge des Zuhörens entdeckt.

Im großen Schema der Gruppendynamik ist es von größter Bedeutung, dass jedes Mitglied seine Rolle und seinen Zweck findet. Es ist dieses komplizierte Zusammenspiel der Rollen, das den Weg für Zusammenarbeit, Innovation und die gemeinsame Verwirklichung von Zielen ebnet. Für eine Führungskraft ist es eine Reise der Entdeckung, Abstimmung und Orchestrierung, die eine Symphonie von Beiträgen hervorbringt, die die Gruppe vorantreibt.

Konflikt und Konsens: Das Navigieren durch die doppelten Kanten der Gruppendynamik

Das Herzstück jeder lebendigen Gruppe ist ein Spektrum von Meinungen, Ideen und Perspektiven. Diese Vielfalt ist nicht nur die Quelle der Innovation, sondern auch ein fruchtbarer Boden für Konflikte. Im facettenreichen Bereich der Gruppendynamik sind Konflikte nicht nur eine Herausforderung, die es zu bewältigen gilt, sondern ein Katalysator, der die Gruppe zu neuen Höhen des Verständnisses und der Zusammenarbeit führen kann, wenn er geschickt gehandhabt wird.

Konflikte sind in vielerlei Hinsicht die rohe, ungefilterte Stimme der verschiedenen Standpunkte, die gehört werden wollen. Er entsteht, wenn tief verwurzelte Überzeugungen, Werte oder Ansätze aufeinanderprallen, und es steht viel auf dem Spiel. Die erste Reaktion vieler Führungskräfte könnte darin bestehen, den Streit zu schlichten oder auf eine schnelle Lösung zu drängen. Dies ist jedoch oft nur ein vorübergehender Aufschub und unterdrückt möglicherweise zugrunde liegende Probleme, die später mit größerer Intensität wieder auftauchen könnten.

Kluge Führungskräfte betrachten Konflikte nicht als störende Kraft, sondern als Spiegel, der die Tiefe und Vielfalt des kollektiven Denkens ihres Teams widerspiegelt. Indem sie sich Konflikten mit Neugier statt mit Besorgnis nähern, können Führungskräfte die eigentlichen Ursachen aufdecken, sei es eine falsche Ausrichtung der Ziele, eine Verständnislücke oder eine Wertedifferenz.

Die Erleichterung einer offenen Kommunikation ist der Eckpfeiler der Konfliktbewältigung. Dazu gehört die Schaffung eines sicheren Raums, in dem sich jedes Mitglied ermächtigt fühlt, seine Bedenken, Ängste und Vorschläge ohne Angst vor Vergeltung zu äußern. Aktives Zuhören, Einfühlungsvermögen und Validierung sind wichtige Werkzeuge im Arsenal einer Führungskraft bei solchen Diskussionen. Es geht nicht darum, festzustellen, wer Recht oder Unrecht hat, sondern darum, die unzähligen Perspektiven zu verstehen, aus denen sich das Gefüge der Gruppe zusammensetzt.

Die Suche nach einer gemeinsamen Basis ist die nächste Phase im Konfliktlösungsprozess. Oft gibt es unter den Schichten von Meinungsverschiedenheiten ein gemeinsames Ziel oder einen gemeinsamen Wert, der als verbindende Kraft dienen kann. Indem sie diese gemeinsame Grundlage hervorheben und darauf aufbauen, können die Führungskräfte den Weg von der Uneinigkeit zum Konsens einschlagen.

Es ist wichtig, darauf hinzuweisen, dass Konsens nicht unbedingt Einheitlichkeit bedeutet. Es handelt sich um eine kollektive Übereinkunft, bei der unterschiedliche Standpunkte respektiert und integriert werden. Ein gut geschmiedeter Konsens ist wie ein Mosaik - jedes Teil behält seine Individualität, aber zusammen ergeben sie ein kohärentes und schönes Bild.

Der Weg vom Konflikt zum Konsens ebnet oft den Weg zur Innovation. Wenn unterschiedliche Perspektiven aufeinandertreffen, stellen sie den Status quo in Frage und veranlassen die Gruppe, über den Tellerrand hinauszuschauen, unbekannte Gebiete zu erkunden und neue Lösungen zu entwickeln.

Das Zusammenspiel von Konflikten und Konsens ist ein Beweis für die reiche Vielfalt menschlicher Interaktionen innerhalb einer Gruppe. Führungskräfte, die sich diese Dynamik zunutze machen, sorgen nicht nur für ein reibungsloses Funktionieren ihrer Teams, sondern erschließen auch das grenzenlose Potenzial, das in der Schnittmenge verschiedener Köpfe liegt. Durch die sorgfältige Navigation in diesen turbulenten und doch transformativen Gewässern können Führungskräfte eine Gruppennarrative schaffen, die von Harmonie, Verständnis und gemeinsamen Zielen geprägt ist.

Gruppendenken und seine Fallstricke: Die stille Bedrohung der kollektiven Weisheit

Im breiten Spektrum der Gruppendynamik gibt es ein scheinbar harmloses, aber heimtückisches Phänomen, das als Gruppendenken bekannt ist. Oberflächlich betrachtet mag Gruppendenken als Beweis für die Einigkeit der Gruppe erscheinen, als Ausdruck gemeinsamer Perspektiven und übereinstimmender Werte. Hinter dieser Fassade des Konsenses lauert jedoch eine Gefahr, die das eigentliche Wesen der gemeinschaftlichen Entscheidungsfindung untergraben kann. Gruppendenken entsteht in Umgebungen, in denen das Streben nach Einstimmigkeit so dominant wird, dass es die individuelle Kreativität, das kritische Denken und die Äußerung alternativer

Standpunkte unterdrückt. In ihrem Streben nach Harmonie beeinträchtigt die Gruppe ungewollt ihre Fähigkeit, Entscheidungen kritisch zu bewerten, was zu Entscheidungen führt, die suboptimal oder sogar schädlich sein können.

Es gibt mehrere Faktoren, die ein Gruppendenken begünstigen können:

- Isolation von externem Feedback: Gruppen, die in Silos arbeiten und von externen Meinungen und Kritiken abgeschirmt sind, sind anfälliger. Ohne vielfältige Beiträge und die frische Luft externer Perspektiven kann die Gruppe zu einer Echokammer werden, die gemeinsame Überzeugungen verstärkt und abweichende Meinungen unterdrückt.

- Direktive Führung: Wenn eine Führungskraft sich stark für eine bestimmte Entscheidung oder einen bestimmten Standpunkt einsetzt, kann sie unbeabsichtigt alternative Perspektiven unterdrücken. Die Teammitglieder könnten sich unter Druck gesetzt fühlen, sich anzupassen, weil sie Konsequenzen fürchten oder es der Führungskraft recht machen wollen.

- Homogenität der Gruppenmitglieder: Wenn sich eine Gruppe aus Personen mit ähnlichem Hintergrund, ähnlichen Erfahrungen und Ideologien zusammensetzt, verringert sich die Wahrscheinlichkeit, dass unterschiedliche Perspektiven zum Tragen kommen. Eine solche Homogenität kann zwar die Entscheidungsfindung beschleunigen, erhöht aber auch die Anfälligkeit für Gruppendenken.

Die Fallstricke des Gruppendenkens sind vielschichtig. Entscheidungen, die unter seinem Einfluss getroffen werden, lassen oft Tiefgang und Weitsicht vermissen. Da niemand den Status quo in Frage stellt oder die Meinung des Teufels vertritt, bleiben potenzielle Fehler oder Versäumnisse ungeprüft. Und wenn die Entscheidungen der Gruppe mit realen

Herausforderungen konfrontiert werden, kann das Fehlen einer kritischen Bewertung im Entscheidungsprozess zu unvorhergesehenen Komplikationen führen.

Für Führungskräfte ist es sowohl eine Herausforderung als auch eine Verantwortung, sich vor Gruppendenken zu schützen. Hier sind einige Strategien, um der heimtückischen Anziehungskraft dieses Denkens entgegenzuwirken:

- Ermutigung zum Dissens: Führungskräfte müssen ein Umfeld kultivieren, in dem abweichende Meinungen wertgeschätzt werden. Dies könnte bedeuten, dass sie selbst den Anwalt des Teufels spielen oder jemanden benennen, der die vorherrschenden Meinungen in Diskussionen in Frage stellt.

- Externes Feedback einholen: Durch das Hinzuziehen externer Experten oder Perspektiven können Führungskräfte neue Sichtweisen einbringen und die Echokammer durchbrechen.

- Fördern Sie eine offene Kommunikation: Die Teammitglieder sollten sich sicher fühlen, ihre Gedanken zu äußern, auch wenn sie von der Mehrheit abweichen. Dies erfordert den Aufbau einer Kultur des Vertrauens und des Respekts.

- Diversifizieren Sie die Gruppe: Eine Mischung aus verschiedenen Hintergründen, Erfahrungen und Perspektiven kann die beste Verteidigung gegen Gruppendenken sein. Vielfalt führt zu einer natürlichen Vielfalt von Standpunkten und stellt monolithisches Denken in Frage.

Auch wenn Zusammenhalt und Konsens ihre Vorzüge haben, erinnert uns das stille Schreckgespenst des Gruppendenkens daran, wie wichtig kritisches Denken und die Stimme des Einzelnen bei kollektiven Entscheidungen sind. Effektive Führungspersönlichkeiten bleiben wachsam und stellen sicher, dass die Harmonie des Gruppenkonsenses auf tiefgreifenden

Überlegungen, soliden Debatten und einer echten Wertschätzung unterschiedlicher Perspektiven beruht.

Der Welleneffekt der Gruppendynamik: Echos über den unmittelbaren Kreis hinaus

Ähnlich wie ein Stein, der in einen Teich geworfen wird, haben die Muster und Rhythmen einer Gruppe eine kaskadenartige Wirkung und beeinflussen weitere Kreise von Menschen und Systemen. Dieser allumfassende Einfluss wird weitgehend durch das starke Zusammenspiel gemeinsamer Erfahrungen und kollektiver Erzählungen bestimmt. Wenn sich eine Gruppe ein bestimmtes Ethos zu eigen macht - z. B. ein Engagement für Innovation oder eine Leidenschaft für Inklusivität -, dringt dieses Gefühl oft in ihr weiteres Umfeld ein. Sie wird zu einem pulsierenden Impuls, der auf andere ausstrahlt und für ein breiteres Publikum Ton und Richtung vorgibt.

Nehmen wir zum Beispiel ein Unternehmensteam, das eine Kultur des ständigen Lernens und Experimentierens pflegt. Selbst wenn dieses Ethos von einem Team ausgeht, schwappt sein Einfluss oft über. Andere Abteilungen oder Teams, die die Lebendigkeit und den Erfolg dieses innovativen Geistes beobachten, könnten sich inspiriert fühlen, ähnliche Praktiken zu übernehmen. Mit der Zeit könnte sich eine lokale Initiative zu einem Kulturwandel entwickeln, der das gesamte Unternehmen erfasst.

In Gemeinschaften können die Initiativen und Überzeugungen einer Gruppe den Weg für viele andere erleuchten. Ein Nachbarschaftskollektiv, das sich für umweltfreundliche Praktiken einsetzt, wirkt sich nicht nur auf seine unmittelbare Umgebung aus, sondern kann auch benachbarte Gemeinden dazu inspirieren, sich auf den Weg der Nachhaltigkeit zu machen. Ihre Initiativen können zu breiteren Diskussionen führen, neue lokale Politiken anregen oder sogar Unternehmen dazu motivieren, nachhaltige Praktiken einzuführen.

Für Führungskräfte bedeutet das Verstehen dieses Nebeneffekts eine große Verantwortung und eine einzigartige Chance. Indem sie die Dynamik ihrer Gruppe gestalten, können Führungskräfte neue Ideen vorleben und die Voraussetzungen für das Erreichbare schaffen. Ihre Handlungen und Entscheidungen innerhalb der Gruppe schaffen oft Präzedenzfälle für größere Einheiten, sei es ein ganzes Unternehmen oder eine Gemeinde. Darüber hinaus können die Geschichten und Erfolge, die von einer Gruppe ausgehen, in einen breiteren Diskurs einfließen, der die Erzählungen beeinflusst und ähnliche Initiativen anderswo inspiriert.

Der Bereich der Gruppendynamik ist daher nicht nur ein Mikrokosmos individueller Interaktionen, sondern auch ein Spiegelbild der umfassenderen organisatorischen, gemeinschaftlichen oder gesellschaftlichen Dynamik. Kluge Führungskräfte erkennen diese Verflechtung. Sie wissen, dass ihr Handeln und ihre Führung innerhalb einer Gruppe das Potenzial haben, in einem viel größeren Rahmen zu wirken und zu inspirieren. Durch Absicht und Visionen können sie die Kraft dieser Wellen nutzen und bleibende Eindrücke in einer breiteren Landschaft hinterlassen.

Die Steuerung der Gruppendynamik ist sowohl eine Kunst als auch eine Wissenschaft, die ein feines Gleichgewicht zwischen Durchsetzungsvermögen und Einfühlungsvermögen, Orientierung und Flexibilität erfordert. Während wir tiefer in das komplizierte Geflecht menschlicher Interaktionen eintauchen, werden wir Strategien und Einsichten aufdecken, die angehenden Führungskräften helfen, Gruppen zu fördern, die nicht nur funktional, sondern wirklich transformativ sind. Schließlich geht es bei der Führung von Einzelpersonen ebenso sehr um die Gestaltung der kollektiven Reise und darum, von ihr geformt zu werden.

Macht und Einfluss: Die unsichtbaren Fäden der Führung

Nur wenige Themen sind so einflussreich und doch so schwer fassbar wie Macht und Einfluss. Während beide Elemente eine grundlegende Rolle im Bereich der Führung spielen, können ihre Erscheinungsformen vielfältig, subtil und oft miteinander verwoben sein. Um das Wesen der Führung wirklich zu begreifen und sich in ihrem komplexen Terrain zurechtzufinden, ist es unerlässlich, sich mit den Nuancen dieser beiden Kräfte zu befassen.

Macht wird oft als die Fähigkeit verstanden, das Verhalten anderer oder den Verlauf von Ereignissen zu lenken oder zu beeinflussen. Sie kann sich aus verschiedenen Quellen speisen: eine formale Position, Fachwissen in einem Bereich, Kontrolle über Ressourcen oder sogar persönliches Charisma. Doch bei Macht geht es nicht nur um den Besitz von Autorität, sondern auch darum, wie diese Autorität ausgeübt wird. Führung ist nicht gleichbedeutend mit dem bloßen Besitz von Macht, sondern hängt eng mit deren kluger Anwendung zusammen. Die besten Führungskräfte wissen, dass Macht eine Verantwortung und nicht nur ein Privileg ist.

Einfluss hingegen dringt tiefer in den Bereich des Ungreifbaren vor. Es ist die Fähigkeit, Perspektiven zu gestalten, Handlungen zu inspirieren und Ergebnisse zu formen, oft ohne ausdrückliche Autorität. Während Macht verliehen werden kann, muss man sich Einfluss in der Regel verdienen. Er basiert auf Vertrauen, Glaubwürdigkeit und echten Beziehungen. Einfluss lebt von der Fähigkeit der Führungskraft, mit anderen in Resonanz zu treten, ihre Motivationen zu verstehen und sie auf eine gemeinsame Vision oder ein gemeinsames Ziel auszurichten.

Der Tanz zwischen Macht und Einfluss ist kompliziert. Sie können zwar unabhängig voneinander existieren, aber ihr Zusammentreffen kann die Magie der Führung ausmachen. Eine

Führungskraft mit Macht, aber ohne Einfluss kann zwar auf Zustimmung, aber nicht auf Engagement stoßen. Umgekehrt kann eine Führungskraft mit viel Einfluss, aber ohne formale Macht, zwar inspirieren, aber ohne die nötige Autorität oder die nötigen Ressourcen kaum greifbare Veränderungen bewirken.

Die Dualität von Macht und Einfluss bringt einige wichtige Überlegungen für angehende und etablierte Führungskräfte gleichermaßen hervor:

- Die Quellen der Macht verstehen: Zu erkennen, woher die eigene Macht kommt, kann Führungskräften helfen, sie effektiver zu nutzen. Ergibt sie sich aus einem offiziellen Titel, aus Fachwissen oder vielleicht aus persönlichem Charisma?

- Einfluss kultivieren: Der Aufbau echter Beziehungen, die Präsentation von Fachwissen und die Demonstration von Beständigkeit sind Wege, um Einfluss zu gewinnen. Wie können Führungskräfte Vertrauen und Glaubwürdigkeit fördern?

- Gleichgewicht zwischen Macht und Einfluss: Wie können Führungskräfte sicherstellen, dass sie sich nicht zu sehr auf das eine auf Kosten des anderen verlassen? Wann ist es an der Zeit, Macht auszuüben, und wann ist es klüger, sich auf Einfluss zu verlassen?

- Ethische Überlegungen: Mit großer Macht kommt große Verantwortung. Führungspersönlichkeiten müssen über die ethischen Auswirkungen ihrer Handlungen und Entscheidungen nachdenken und sicherstellen, dass sie ihre Macht und ihren Einfluss mit Integrität ausüben.

Das Navigieren in den Bereichen Macht und Einfluss erfordert ein scharfsinniges Bewusstsein und Fingerspitzengefühl. Ihre

Feinheiten liegen oft unter der Oberfläche, doch ihre Auswirkungen können tief in die Führungslandschaft eindringen.

Im Kern der Macht gibt es vielfältige Dimensionen. Neben der traditionellen hierarchischen Macht, die oft mit Positionen und Titeln verbunden ist, gibt es mehrere nuancierte Formen der Macht, die die Dynamik der Führung bestimmen. Eine davon ist die Expertenmacht, die sich aus dem Wissen, den Fähigkeiten oder der Expertise in einem bestimmten Bereich ergibt. Bei dieser Art von Macht werden Führungskräfte für ihre fachliche Anleitung und ihren Rat anerkannt und gesucht.

Eine andere Art von Macht ist die der Bezugspersonen, die auf zwischenmenschlichen Beziehungen beruht, wobei die Führungspersönlichkeiten für ihr Charisma, ihre Integrität oder andere persönliche Eigenschaften bewundert und respektiert werden. Belohnungsmacht hingegen beruht auf der Fähigkeit einer Führungskraft, Belohnungen wie Boni, Beförderungen und Lob zu verteilen und durch positive Verstärkung zu motivieren. Im Gegensatz dazu konzentriert sich die Zwangsgewalt auf die Möglichkeit, Strafen zu verhängen oder Privilegien zu entziehen, was zur Einhaltung der Vorschriften führen kann, aber bei übermäßiger Anwendung auch Ressentiments hervorrufen kann. Schließlich ist in der heutigen datengesteuerten Welt die Informationsmacht, die sich aus dem Besitz von wertvollem Wissen oder Informationen ergibt, von großer Bedeutung.

Ergänzend zu den Dimensionen der Macht gibt es verschiedene Beeinflussungstaktiken, die Führungskräfte einsetzen können. Wirksame Führungskräfte setzen diese Taktiken je nach Situation geschickt ein. Bei der Überzeugungsarbeit geht es beispielsweise darum, Argumente sowohl logisch als auch emotional zu formulieren, um Meinungen zu beeinflussen. Inspiration kann Emotionen und Leidenschaft wecken, indem ein lebendiges Bild einer Vision oder einer Sache gezeichnet wird. Bei der Konsultation wird ein kooperativerer Ansatz verfolgt, bei dem andere in den Entscheidungsprozess einbezogen werden und ihr Fachwissen geschätzt wird. Die Zusammenarbeit mit anderen und die Bündelung von Ressourcen ist das Wesen der Kooperation, während sich die Verhandlung auf die Suche nach einer Win-Win-Situation durch gegenseitiges Verständnis und Kompromisse konzentriert.

Es ist wichtig zu wissen, dass Macht und Einfluss keine statischen Konstrukte sind. Sie sind dynamische Gebilde, die sich auf der Grundlage der Handlungen einer Führungskraft, ihrer Entscheidungen und des sich verändernden Umfelds, in dem sie agieren, weiterentwickeln. Daher müssen Führungskräfte agil sein und ihren Ansatz ständig neu kalibrieren, um sicherzustellen, dass sie relevant, respektiert und effektiv bleiben.

Wenn Führungskräfte die Korridore der Macht und des Einflusses durchqueren, kann der ethische Aspekt nicht umgangen werden. Diese Kräfte sind mächtige Werkzeuge für die Führung, bringen aber auch erhebliche Verantwortung mit sich. Machtmissbrauch kann zu Manipulation oder Ausbeutung führen, und fehlgeleiteter Einfluss kann zu Fehlinformationen oder unangemessenem Druck führen. Das Wesen der Führung liegt also nicht nur in der Nutzung dieser Kräfte, sondern auch darin, sie mit einem starken moralischen Kompass zu handhaben. Eine kontinuierliche Reflexion der Absichten und Handlungen ist von größter Bedeutung, um sicherzustellen, dass die Führungskräfte im besten Interesse derer handeln, denen sie dienen.

Konformität, Compliance und Gehorsam: Navigieren durch die sozialen Kräfte der Führung

Im Bereich der sozialen Interaktionen und der Führung ist es von entscheidender Bedeutung zu verstehen, wie Individuen ihr Verhalten an Gruppennormen oder autoritären Forderungen ausrichten. Konformität, Compliance und Gehorsam sind grundlegende Konzepte in diesem Bereich, die jeweils eine einzigartige Perspektive auf die Dynamik des Gruppenverhaltens und die Entscheidungen des Einzelnen innerhalb eines breiteren gesellschaftlichen oder organisatorischen Kontexts bieten.

Konformität befasst sich mit dem subtilen Druck, den der Einzelne verspürt, sich anzupassen oder gesellschaftliche Normen und Gruppenerwartungen zu erfüllen. Es ist die unausgesprochene Kraft, die uns dazu veranlasst, unsere Überzeugungen, Einstellungen und Handlungen mit denen der Mehrheit in Einklang zu bringen, oft ohne ausdrückliche Aufforderung. Konformität kann zwar Einigkeit und harmonische Interaktionen fördern, birgt aber auch das Risiko, Individualität zu ersticken und abweichende Stimmen zu unterdrücken. Für Führungskräfte besteht die Herausforderung darin, eine Kultur zu fördern, in der Teammitglieder die Freiheit haben, unterschiedliche Standpunkte zu äußern und dennoch gemeinsam auf ein gemeinsames Ziel hinzuarbeiten.

Bei der Compliance hingegen handelt es sich um die freiwillige Änderung des eigenen Verhaltens auf eine direkte Aufforderung hin, die häufig von einer Person ausgeht, die keine formale Autorität über die betreffende Person hat. Compliance mag zwar oberflächlich erscheinen, bietet aber Einblicke in die Art und Weise, wie Menschen überzeugt oder motiviert werden können, sich einer bestimmten Richtung oder Entscheidung anzuschließen, selbst wenn dies nur vorübergehend geschieht. Führungskräfte können sich die Grundsätze der Compliance zunutze machen, um gewünschte Verhaltensweisen zu fördern, müssen aber darauf achten, dass die Aufforderungen ethisch vertretbar und fair sind und dem Gemeinwohl dienen.

In Gehorsam wird die Machtdynamik vertieft und untersucht, inwieweit der Einzelne Befehle oder Weisungen von Autoritätspersonen befolgt. Da Gehorsam tief in hierarchischen Strukturen und Machtbeziehungen verwurzelt ist, kann er ein zweischneidiges Schwert sein. Während er Ordnung und Disziplin fördern kann, kann übermäßiger Gehorsam auch zu unhinterfragter Loyalität und potenziell schädlichen Handlungen führen, insbesondere wenn die Anweisungen der Autoritätsperson fehlgeleitet sind. Das Zusammenspiel von Konformität, Compliance und Gehorsam zeichnet ein anschauliches Bild des komplizierten Tanzes zwischen individueller Handlungsfähigkeit und kollektivem Druck sowohl im gesellschaftlichen als auch im organisatorischen Umfeld. Führungskräfte stehen am Schnittpunkt dieser Kräfte und haben die Aufgabe, ihre Teams zu führen, zu inspirieren und manchmal auch herauszufordern. Sie müssen ein empfindliches Gleichgewicht finden, das die Ausrichtung und den Zusammenhalt sicherstellt, ohne die Vielfalt der Gedanken, Erfahrungen und Bestrebungen, die jedes Teammitglied einbringt, zu ersticken.

Konformität ist der stille Anstoß, der uns dazu bringt, die Überzeugungen, Einstellungen oder Verhaltensweisen der Mehrheit zu übernehmen. Er entspringt dem inhärenten Wunsch nach Akzeptanz und der Angst, ausgegrenzt zu werden. Führungskräfte werden oft mit den Auswirkungen der Konformität konfrontiert, wenn Teammitglieder zögern, abweichende Meinungen zu äußern, und es vorziehen, mit dem Strom zu schwimmen. Konformität kann zwar zu Zusammenhalt und einem harmonischen Arbeitsumfeld führen, birgt aber auch Herausforderungen. Es besteht die Gefahr, dass ein Status quo aufrechterhalten wird, was Innovationen behindern kann, oder dass die reiche Gedankenvielfalt unterdrückt wird, die oft den Fortschritt vorantreibt. Für Führungskräfte ist es von größter Bedeutung, ein Umfeld zu schaffen, in dem der Einzelne den Wunsch, sich anzupassen, mit dem Mut, sich abzuheben, in Einklang bringen kann.

Im Gegensatz zu den subtilen Kräften der Konformität entsteht **Compliance**, wenn Personen ihr Verhalten auf der Grundlage einer direkten Aufforderung anpassen, oft ohne die Autorität oder Position der Person zu berücksichtigen, die die Aufforderung ausspricht. Der Bereich der Konformität bietet wertvolle Einblicke in die Überzeugungsarbeit und die Dynamik der Zustimmung. Wenn Führungskräfte um etwas bitten oder Anweisungen geben, greifen sie auf die Grundlagen der Compliance zurück. Dies unterstreicht die Bedeutung einer klaren Kommunikation, den Wert der Argumentation und die Kunst der Überzeugung in der Führung. Die ethische Dimension ist jedoch entscheidend. Bei der Anwendung von Compliance-Strategien muss sichergestellt werden, dass sie zum kollektiven Nutzen und auf der Grundlage von Fairness und Respekt eingesetzt werden.

Der Gehorsam geht tiefer und ist in der Beziehung zwischen Autorität und Untergebenen verankert. Es ist der Akt der Befolgung von Befehlen oder Anweisungen von Personen, die als Autoritätspersonen wahrgenommen werden. In strukturierten Umgebungen, wie z. B. Organisationen, kann Gehorsam für die Aufrechterhaltung von Ordnung und Disziplin unerlässlich sein. Er ist jedoch nicht ohne Gefahren. Blinder Gehorsam, bei dem Anweisungen ohne zu hinterfragen befolgt werden, kann zu schädlichen Handlungen oder Entscheidungen führen, insbesondere wenn die Befehle der Autorität fehlerhaft oder unethisch sind. Führungskräfte tragen daher die Verantwortung, ihre Autorität mit Bedacht auszuüben, konstruktives Hinterfragen zu fördern und sicherzustellen, dass der von ihnen eingeschlagene Weg ethisch und integrativ ist.

Um das weite Feld der Führung zu verstehen, muss man ihr Zusammenspiel mit diesen elementaren Kräften des sozialen Verhaltens erkennen. Jede Führungskraft wird, unabhängig vom Kontext oder Bereich, unweigerlich mit der Dynamik von Konformität, Compliance und Gehorsam konfrontiert. Sie erinnern daran, dass Führung keine einseitige Anweisung ist, sondern eine komplexe Reise durch gemeinsame menschliche Erfahrungen.

Für Führungskräfte ist es von entscheidender Bedeutung, diese Dynamik nicht nur als abstraktes Konzept zu verstehen, sondern als reale, greifbare Kraft, die Entscheidungen, Handlungen und Interaktionen innerhalb von Gruppen prägt. Sie müssen scharfsinnig genug sein, um die Stärken, die diese Verhaltensweisen bieten, zu nutzen und gleichzeitig wachsam gegenüber ihren potenziellen Fallstricken zu sein.

Im breiteren Spektrum der Führung unterstreicht diese Dynamik die Bedeutung von ethischen Grundlagen, offener Kommunikation und gegenseitigem Respekt. Führungskräfte müssen ein Umfeld schaffen, in dem sich jeder Einzelne befähigt fühlt, kritisch zu denken, konstruktiv zu hinterfragen und authentisch seinen Beitrag zu leisten.

Wenn wir in den folgenden Abschnitten zu anderen Aspekten der Sozialpsychologie und der Führung übergehen, ist es wichtig, diese Erkenntnisse weiterzugeben. Sie bilden die Grundlage für das Verständnis, auf dem komplexere Führungsstrategien und -nuancen aufgebaut sind. Im Wesentlichen bietet ein differenziertes Verständnis von Konformität, Compliance und Gehorsam den Führungskräften einen Fahrplan, um sich in der riesigen und komplizierten Landschaft des menschlichen Verhaltens zurechtzufinden und sicherzustellen, dass ihre Führungsreise sowohl wirkungsvoll als auch einfühlsam ist.

Übung 4: Erkundung von Konformität, Compliance und Gehorsam auf Ihrem Weg zur Führungskraft

Zielsetzung: Vertiefung des Verständnisses für die feinen Unterschiede zwischen Konformität, Compliance und Gehorsam und Erkennen ihrer praktischen Auswirkungen auf die Führungsarbeit.

Entwerfen Sie Ihr Szenario: Bilden Sie kleine Gruppen mit Ihren Klassenkameraden, idealerweise 4-5 Schüler pro Gruppe. Entwickeln Sie in Ihrer Gruppe gemeinsam ein kurzes Rollenspielszenario, das entweder Konformität, Compliance oder Gehorsam in einem Führungskontext veranschaulicht. Bemühen Sie sich um Klarheit und stellen Sie sicher, dass Ihr Szenario eindeutig nur eines dieser Konzepte darstellt.

Zeigen Sie, was Sie verstehen:
Es ist Zeit für eine Aufführung! Jede Gruppe wird ihr Rollenspiel dem Rest der Klasse präsentieren. Nachdem ihr euch eine Aufführung angesehen habt, solltet ihr herausfinden, welches Konzept (Konformität, Einhaltung oder Gehorsam) eurer Meinung nach dargestellt wurde, und bereit sein, eure Argumente zu erläutern.

Gemeinsame Reflexion:
- Wenn alle Gruppen aufgetreten sind, lassen Sie uns eine gemeinsame Diskussion führen. Beachten Sie diese Leitfragen:
- Gab es ein Szenario, das Sie besonders beeindruckt hat? Warum?
- Bei welchen Szenarien hatten Sie das Gefühl, dass die Handlungen der Führungskraft ethisch fragwürdig waren?

- Wie können Sie als künftige Führungskraft konstruktives Feedback fördern und gleichzeitig wenig hilfreiche Konformität, Compliance oder Gehorsam vermeiden?
- Denken Sie an Ihre eigenen Erfahrungen. Können Sie sich an Fälle erinnern, in denen Sie den Sog dieser Dynamik gespürt haben? Wie haben sie sich abgespielt?

Zeit für Introspektion:
- Nehmen Sie sich einen Moment Zeit, um Ihre persönlichen Überlegungen aufzuschreiben:
- Erinnern Sie sich an einen Moment, in dem Sie sich vielleicht angepasst oder gehorcht haben, auch wenn Sie nicht ganz einverstanden waren.
- Denken Sie darüber nach, wie Sie sich während dieses Vorfalls gefühlt haben und welche Folgen sich daraus ergeben haben, ob positiv oder negativ.
- Wie würden Sie im Nachhinein und nach der heutigen Diskussion ähnliche Situationen anders angehen, insbesondere wenn Sie eine Führungsrolle innehaben?

Bei der Führung geht es ebenso sehr um Selbsterkenntnis wie um die Führung anderer. Wenn wir unsere natürlichen Neigungen verstehen, sei es, dass wir uns anpassen, einwilligen oder gehorchen, sind wir besser gerüstet, um mit Absicht zu führen und ein Umfeld zu schaffen, in dem sich jeder wertgeschätzt und gehört fühlt. Denken Sie daran, dass Ihre Reise als Führungskraft weitergeht, und dass jede Erfahrung, jede Reflexion und jede Lektion, wie die heutige, die Führungskraft prägt, die Sie werden. Nehmen Sie die Reise an und wachsen Sie weiter!

Kapitel 5: Geschlecht, Diversität und Führung

Die einzelnen Fäden von Geschlecht, Kultur und Vielfalt verweben sich zu komplizierten Mustern, die unsere Aufmerksamkeit und unser Verständnis erfordern. Dieses Kapitel befasst sich mit einem der transformativsten Veränderungen in der Führungsdynamik: der Anerkennung und Würdigung des reichen Mosaiks von Geschlecht und Vielfalt und der Rolle, die sie bei der Gestaltung moderner Führungsparadigmen spielen.

In der Vergangenheit waren die Erzählungen über Führung oft einfarbig, dominiert von einer singulären, meist männlichen Perspektive und verwurzelt in spezifischen kulturellen Kontexten. Doch als sich die Welt weiterentwickelte, die Gesellschaften sich veränderten und die Grenzen verwischten, entstand die dringende Notwendigkeit, unser Verständnis von Führung zu erweitern und auch Stimmen und Visionen einzubeziehen, die zuvor an den Rand gedrängt oder übersehen worden waren. Diese Erweiterung des Blickwinkels entspricht nicht nur einem sozialen oder moralischen Gebot, sondern spiegelt auch die praktische Erkenntnis wider, dass eine vielfältige Führung eine robuste Führung ist, die den Herausforderungen gewachsen ist und sich dem Wandel anpassen kann.

Nehmen wir zum Beispiel die zunehmende Bedeutung von Frauen in Führungspositionen. Ihr Weg, der mit Herausforderungen, Kämpfen gegen Stereotypen und dem Gewicht historischer Vorurteile gespickt ist, ist ein Zeugnis für Widerstandsfähigkeit, Anpassungsfähigkeit und die Fähigkeit, mit Empathie und Stärke zu führen. Die Erzählungen von weiblichen Führungskräften bieten unschätzbare Lektionen darüber, wie man Macht mit Anmut, Autorität mit Sorgfalt und Ehrgeiz mit Mitgefühl in Einklang bringt.

Unser Diskurs über Vielfalt in der Führung ist jedoch nicht vollständig, ohne das Kaleidoskop kultureller Kontexte zu berücksichtigen. Kulturelle Normen, Werte und Erwartungen prägen Führungsstile, Entscheidungsprozesse und zwischenmenschliche Dynamiken. Da unsere Welt zunehmend vernetzt ist, befinden sich Führungskräfte an der Schnittstelle verschiedener kultureller Einflüsse, müssen Unterschiede überwinden und Gemeinsamkeiten finden.

Im Zeitalter der Globalisierung ist die Führung in einer von Vielfalt geprägten Welt zu einer Notwendigkeit geworden und nicht mehr nur eine Option. Mit geografisch verteilten Teams, einem Kundenstamm, der sich über Kontinente erstreckt, und Stakeholdern mit unterschiedlichem Hintergrund müssen Führungskräfte kulturelle Übersetzer, Verfechter der Vielfalt und integrative Visionäre sein.

Frauen in Führungspositionen

Im Laufe der Jahrzehnte haben sich Frauen einen bedeutenden Platz in der Berufswelt erobert, indem sie gläserne Decken durchbrochen und sich den gesellschaftlichen Erwartungen widersetzt haben. Ihr Weg zu Führungspositionen war jedoch nicht ohne Herausforderungen. Trotz des Fortschritts ist die Führungslandschaft immer noch von historischen Vorurteilen und festgefahrenen Stereotypen geprägt, die Frauen vor besondere Herausforderungen und Erfahrungen stellen.

In der Vergangenheit wurde Führung oft durch eine vorwiegend männliche Brille betrachtet, wobei traditionell mit Männern assoziierte Eigenschaften wie Entschlossenheit, Durchsetzungsvermögen und Kontrolle bevorzugt wurden. Frauen hingegen wurden oft in Rollen gesteckt, die Einfühlungsvermögen, Fürsorge und Zusammenarbeit betonen. Diese Eigenschaften sind zwar für Führungsaufgaben von unschätzbarem Wert, aber die engen Definitionen und gesellschaftlichen Beschränkungen schränkten die wahrgenommenen Fähigkeiten von Frauen in Spitzenpositionen ein.

Das Blatt begann sich in der zweiten Hälfte des 20. Jahrhunderts zu wenden, als Frauen in verschiedenen Bereichen bemerkenswerte Fortschritte machten. Von der Politik bis zur Wirtschaft, von der Wissenschaft bis zum Aktivismus begannen Frauen, Positionen mit Einfluss und Autorität zu beanspruchen. Dieser Aufstieg war nicht nur rein zahlenmäßig, sondern führte auch zu einem Paradigmenwechsel im Verständnis von Führung selbst. Weibliche Führungskräfte führten einen kooperativen, integrativen und einfühlsamen Führungsstil ein und betonten, dass diese traditionell "weiblichen" Attribute bei der Förderung von Innovation, Teamzusammenhalt und Unternehmenswachstum eine große Rolle spielen.

Trotz dieser Fortschritte befinden sich weibliche Führungskräfte oft auf einer Gratwanderung. Sie haben mit dem Dilemma zu kämpfen, autoritär zu sein, ohne als aggressiv zu gelten, oder einfühlsam zu sein, ohne als schwach zu gelten. Das gesellschaftliche Mikroskop, unter dem weibliche Führungskräfte agieren, vergrößert oft ihre Fehler, während es ihre Leistungen überschattet.

Die Erzählungen von Frauen in Führungspositionen sind überwiegend von Widerstandsfähigkeit und Neuerfindung geprägt. Sie passen sich an, bleiben hartnäckig und bewirken oft transformative Veränderungen in ihren Organisationen. Nehmen wir zum Beispiel die zunehmende Zahl von Unternehmensrichtlinien, die die Vereinbarkeit von Beruf und Privatleben, das Wohlbefinden und die psychische Gesundheit in den Vordergrund stellen - Bereiche, in denen weibliche Führungskräfte oft Pionierarbeit geleistet haben.

Der Einfluss von Frauen in Top-Führungspositionen ist nicht nur anekdotisch, sondern wird durch rigorose Forschung und greifbare

Ergebnisse gestützt. Die Anwesenheit von Frauen in diesen Positionen scheint mit einer verbesserten Unternehmensleistung an mehreren Fronten zu korrelieren, was die tiefgreifenden Auswirkungen der Geschlechtervielfalt auf die Gesundheit von Unternehmen verdeutlicht.

Untersuchungen haben immer wieder gezeigt, dass Unternehmen mit Frauen in Führungspositionen ihre Konkurrenten in verschiedenen Bereichen, von der Rentabilität bis zur Innovation, übertreffen. Ihre einzigartigen Perspektiven, Erfahrungen und Führungsstile bieten eine Mischung aus strategischem Scharfsinn, emotionaler Intelligenz und ganzheitlicher Vision.

Ein bemerkenswerter Bereich des Einflusses ist die Rentabilität. Mehrere Studien haben gezeigt, dass Unternehmen mit Frauen in Führungspositionen oder in ihren Vorständen tendenziell höhere Gewinnspannen aufweisen als Unternehmen ohne Frauen. Dies könnte auf die vielfältigen Entscheidungsprozesse und Strategien zurückzuführen sein, die Frauen einbringen und die oft auf langfristige Nachhaltigkeit und ganzheitliches Wachstum ausgerichtet sind. Vielfalt, in welcher Form auch immer, ermöglicht eine Vielzahl von Perspektiven, die zu umfassenden Problemlösungen und innovativeren Strategien führen.

Abgesehen von der Rentabilität gedeiht Innovation in einem Umfeld, in dem unterschiedliche Sichtweisen willkommen sind. Weibliche Führungskräfte mit ihren einzigartigen Erfahrungen und Perspektiven stellen oft den Status quo in Frage und bringen neue Ansätze für traditionelle Probleme ein. Auf diese Weise fördern sie eine Kultur des ständigen Lernens und der Anpassung. Wenn die Mitarbeiter eine Führung erleben, die sich nicht scheut, über den Tellerrand hinauszuschauen, fühlen auch sie sich ermutigt, Grenzen zu überschreiten und sich in unbekannte Gebiete zu wagen.

Der weibliche Führungsstil zeichnet sich häufig dadurch aus, dass er den Schwerpunkt auf Zusammenarbeit, Inklusivität und emotionale Intelligenz legt. Dies fördert eine Unternehmenskultur, in der sich die Teammitglieder wertgeschätzt und gehört fühlen, was zu höherer Arbeitszufriedenheit und geringerer Fluktuation führt. Indem sie ihre emotionale Intelligenz nutzen, können weibliche Führungskräfte die zwischenmenschliche Dynamik besser steuern, starke Teams aufbauen und ein harmonisches Arbeitsumfeld schaffen.

Ihre ganzheitliche Sichtweise sorgt oft dafür, dass Entscheidungen nicht in Silos getroffen werden, sondern im größeren Kontext des organisatorischen Wohlergehens gesehen werden. Ganz gleich, ob es um das Wohlergehen der Mitarbeiter, die Umwelt oder die Auswirkungen auf die Gesellschaft geht - weibliche Führungskräfte wägen häufig die umfassenderen Auswirkungen von Geschäftsentscheidungen ab. Dies sorgt nicht nur für Nachhaltigkeit, sondern stärkt auch den Ruf des Unternehmens in den Augen von Interessengruppen, Verbrauchern und potenziellen Mitarbeitern.

Das Gefüge eines Unternehmens besteht nicht nur aus seinen finanziellen Vermögenswerten oder seinen Produkten, sondern ist eng mit seinen Werten, seinem Ethos, seinen Strategien und vor allem mit seinen Mitarbeitern verwoben. Die Einbeziehung von Frauen in Führungspositionen führt neue Fäden in dieses Gewebe ein und macht es reicher und vielfältiger. Mit diesen neuen Fäden kommen neue Perspektiven und Ansätze, die die Funktionsweise einer Organisation grundlegend verändern können.

In der Vergangenheit haben viele Unternehmen und Institutionen innerhalb eines weitgehend homogenen Rahmens gearbeitet, der oft durch einen singulären Top-down-Ansatz bei der Entscheidungsfindung gekennzeichnet war. Ein solches System ist zwar in mancher Hinsicht effizient, kann aber die

Anpassungsfähigkeit, die Kreativität und die Fähigkeit einer Organisation zu echtem Wachstum einschränken. Frauen in Führungspositionen stören diesen Status quo. Sie bringen eine Reihe von Erfahrungen, Erkenntnissen und Führungsstilen mit, die Inklusivität und Zusammenarbeit fördern, was in der sich schnell verändernden Unternehmenslandschaft von heute von entscheidender Bedeutung ist.

Ein umfassenderer Ansatz bedeutet, dass Entscheidungen unter Berücksichtigung einer breiteren Palette von Interessengruppen getroffen werden. Diese Anpassungsfähigkeit stellt sicher, dass Organisationen leichter auf Herausforderungen reagieren können, egal ob es sich um Marktabschwünge, technologische Störungen oder gesellschaftliche Veränderungen handelt. Eine anpassungsfähige Organisation ist widerstandsfähiger, flexibler und besser auf die Feinheiten ihres Umfelds eingestellt.

Der anhaltende Erfolg von Unternehmen, die von Frauen geführt werden, ist nicht nur ein Beweis für ihre Fähigkeiten, sondern spiegelt auch die Vorteile der Vielfalt wider. Solche Organisationen sind oft innovativer, da die Vielfalt eine Kultur fördert, in der verschiedene Standpunkte aufeinandertreffen, was zu bahnbrechenden Ideen führt. Sie haben auch ein besseres Gespür für ihre Stakeholder, da ein vielfältiges Führungsteam einen vielfältigen Kundenstamm besser verstehen und betreuen kann.

Diese überdurchschnittliche Leistung ist nicht nur eine statistische Anomalie, sondern ein überzeugendes Beispiel dafür, wie wichtig die Diversifizierung von Führungskräften ist. Es ist eine Erzählung, die sich für das Durchbrechen gläserner Decken und den Abbau von Barrieren einsetzt, die Frauen in der Vergangenheit von diesen Positionen ferngehalten haben. Wenn wir die greifbaren Vorteile sehen, die weibliche Führungskräfte mit sich bringen, wird das Argument für eine stärkere

Repräsentation nicht nur zu einer Frage der Gleichberechtigung, sondern auch zu einer Frage der wirtschaftlichen Exzellenz.

Wenn wir also sagen, dass die Präsenz von Frauen in Führungspositionen Organisationen verändert, dann ist das keine bloße Rhetorik. Es ist Ausdruck eines tieferen Wandels - weg von traditionellen, einseitigen Entscheidungsstrukturen hin zu dynamischen, vielseitigen und integrativen Strukturen. Es ist eine Würdigung der Tatsache, dass Organisationen nicht nur im konventionellen Sinne erfolgreich sind, wenn vielfältige Stimmen am Ruder sind, sondern dass sie in einer Weise gedeihen, die man sich vorher nicht vorstellen konnte.

Kulturelle Aspekte der Führung

Die Kultur hat einen großen Einfluss darauf, wie Menschen Führung wahrnehmen, und dieser Einfluss erstreckt sich sowohl über nationale als auch organisatorische Grenzen hinweg. Im Mittelpunkt der Kultur stehen Werte, Überzeugungen und Normen, die das Denken, Verhalten und den Umgang der Menschen miteinander prägen. Da Führung eine relationale Tätigkeit ist, ist sie tief in diese kulturellen Rahmenbedingungen eingebettet und von ihnen geprägt.

Die Erwartungen und Definitionen einer "guten" Führungskraft sind in den verschiedenen Kulturen unterschiedlich. Während beispielsweise in westlichen Kulturen, insbesondere in Nordamerika und Europa, oft Individualismus, Autonomie und direkte Kommunikation im Vordergrund stehen, betonen viele östliche Kulturen die Bedeutung von Kollektivismus, Harmonie und indirekter Kommunikation. Diese grundlegenden Unterschiede können zu unterschiedlichen Führungsstilen führen. Im Westen wird möglicherweise ein transformationeller und partizipativer Stil bevorzugt, bei dem die Führungskräfte ihre Teams inspirieren und in die Entscheidungsprozesse einbeziehen. Im Gegensatz dazu wird in vielen östlichen Kulturen mehr Wert auf Hierarchie und Respekt vor Autorität gelegt, was zu einem eher direktiven Führungsstil führt.

Kulturelle Intelligenz ist in unserer zunehmend globalisierten Welt zu einer unschätzbaren Fähigkeit für Führungskräfte geworden. Führungskräfte mit hoher kultureller Intelligenz sind in der Lage, sich in einem interkulturellen Umfeld zurechtzufinden, zu arbeiten und zu führen. Sie wissen, dass Führung kein einheitliches Konzept ist, sondern in der Tat formbar ist und von den kulturellen Nuancen des Umfelds, in dem sie sich befinden, geprägt wird.

Neben den nationalen Kulturen spielen auch die Organisationskulturen eine wichtige Rolle bei der Führungsdynamik. Jede Organisation, unabhängig von ihrer Größe, hat eine einzigartige Kultur, die ihre Werte, ihren Arbeitsstil und ihren Umgang mit Herausforderungen definiert. Die Führungskräfte in einem Unternehmen spielen eine zentrale Rolle bei der Gestaltung dieser Kultur und werden von ihr geprägt. Ein Start-up-Unternehmen könnte beispielsweise eine Kultur haben, die Agilität, Innovation und Risikobereitschaft schätzt, während ein jahrhundertealter Mischkonzern Stabilität, Prozesse und Traditionen bevorzugt. Die Führungsstile würden sich in diesen beiden Umgebungen natürlich unterscheiden.

In der heutigen vernetzten Welt sind die Herausforderungen und Feinheiten der Führung über kulturelle Grenzen hinweg zu einem unvermeidlichen Teil der Reise einer Führungskraft geworden. Wenn Unternehmen expandieren, neue Allianzen schmieden oder unerschlossene Märkte erschließen, haben Führungskräfte oft mit den komplexen Problemen zu kämpfen, die sich aus diesen interkulturellen Überschneidungen ergeben. Die Dynamik globaler Teams zum Beispiel erfordert eine ausgefeilte Kompetenz, die über die traditionellen Führungsfähigkeiten hinausgeht. Die verschiedenen kulturellen Nuancen, die unterschiedlichen Kommunikationsstile und die unterschiedlichen

Normen am Arbeitsplatz machen die Führungsaufgaben noch komplexer.

Wenn Führungskräfte ein vielfältiges, über Kontinente verteiltes Team leiten müssen, stehen sie vor einer einmaligen Chance und Herausforderung. Auf der einen Seite verfügen sie über eine Fülle von Einsichten, Erfahrungen und Perspektiven, die zu innovativen Lösungen und kreativen Problemlösungen führen können. Auf der anderen Seite müssen sie die potenziellen Fallstricke von Missverständnissen, unterschiedlichen Arbeitsethiken und gegensätzlichen Wertvorstellungen umschiffen. In einem solchen Umfeld ist es für Führungskräfte unerlässlich, ein Umfeld des gegenseitigen Respekts, der offenen Kommunikation und der gemeinsamen Zielsetzung zu fördern.

Fusionen und Übernahmen bieten eine weitere Dimension, in der das Zusammentreffen unterschiedlicher Unternehmenskulturen deutlich wird. Wenn zwei Unternehmen mit jeweils eigenen Werten, Überzeugungen und Praktiken zusammenkommen, geht es nicht nur um die Integration von Systemen und Prozessen, sondern auch um die Verschmelzung zweier oft sehr unterschiedlicher Organisationskulturen. Die Führungskräfte spielen eine zentrale Rolle bei der Steuerung solcher Fusionen zum Erfolg. Sie müssen die Stärken beider Kulturen schätzen, Bedenken ansprechen, Lücken schließen und eine kohäsive, harmonische Kultur schaffen, mit der sich die Mitglieder der beiden ehemaligen Einheiten identifizieren und als Teil davon fühlen können.

Ein wichtiger Aspekt bei der Bewältigung dieser multikulturellen Herausforderungen ist das Konzept der kulturellen Intelligenz. Es geht um die Fähigkeit, kulturelle Unterschiede zu erkennen, zu verstehen und zu respektieren und den eigenen Führungsstil entsprechend anzupassen. Es geht darum, sich der eigenen kulturellen Voreingenommenheit bewusst zu sein und offen dafür zu sein, zu lernen und sich anzupassen. Im Wesentlichen handelt es sich um eine Mischung aus Einfühlungsvermögen, Anpassungsfähigkeit und Wissen.

Führungskräfte, die aktiv in die Entwicklung ihrer kulturellen Intelligenz investieren, sind besser in der Lage, das Potenzial vielfältiger Teams zu nutzen, Fusionen erfolgreich zu steuern und Organisationen aufzubauen, die in ihrem Denken und Handeln wirklich global sind. Da sich die Unternehmenslandschaft weiter entwickelt, wird die Fähigkeit, mit einer globalen Denkweise zu führen und kulturelle Nuancen zu schätzen und zu nutzen, zu den gefragtesten Führungsqualitäten gehören.

In einer von Vielfalt geprägten Welt zu führen, stellt eine einzigartige Herausforderung dar, bietet aber auch unvergleichliche Chancen. In dem Maße, wie die Globalisierung Menschen unterschiedlicher Herkunft, Ethnie, Religion und Orientierung in engeren Kontakt bringt, wird es für Führungskräfte unerlässlich, eine integrative Denkweise zu pflegen. Eine solche Denkweise umfasst nicht nur die Vielfalt, sondern betrachtet sie auch als eine grundlegende Stärke jeder Organisation.

Bei dem Begriff "Vielfalt" denkt man oft an demografische Unterschiede wie Rasse, Geschlecht und Alter. Im breiteren Kontext der Führung umfasst er jedoch ein breites Spektrum individueller Eigenschaften und Erfahrungen, einschließlich Bildungshintergrund, sozioökonomischer Status, kognitive Stile, Fähigkeiten und sogar Lebenserfahrungen. Wenn Führungskräfte sich mit diesem facettenreichen Netz individueller Unterschiede auseinandersetzen, geht es um mehr als nur um die Anerkennung oder Tolerierung von Vielfalt; es geht darum, diese Unterschiede für den Unternehmenserfolg zu nutzen.

In einer von Vielfalt geprägten Welt ist es zunehmend die Aufgabe von Führungskräften, Brücken zu bauen. Sie müssen das kulturübergreifende Verständnis fördern und sicherstellen, dass alle Stimmen, unabhängig von ihrer Herkunft oder Art, gehört und gewürdigt werden. Dies erfordert ein ausgeprägtes Bewusstsein für unbewusste Voreingenommenheit, die Entscheidungen beeinflussen könnte, sowie das proaktive Bemühen, deren Auswirkungen zu minimieren. Die Führungskräfte müssen auch aktiv ein Umfeld fördern, in dem vielfältige Teams gedeihen können, indem sie die Zusammenarbeit und den gegenseitigen Respekt fördern.

Führen in einer vielfältigen Welt bedeutet, die unterschiedlichen Bedürfnisse und Wünsche einer heterogenen Kundschaft zu verstehen. Da die Märkte immer globaler werden, müssen Produkte und Dienstleistungen einer breiten Palette kultureller Geschmäcker, Vorlieben und Werte gerecht werden. Führungspersönlichkeiten, die diese Bedürfnisse vorhersehen, lokale Erkenntnisse nutzen und ihre Angebote entsprechend anpassen können, sind klar im Vorteil.

Die Vorteile einer Führung in einer von Vielfalt geprägten Welt gehen über die Leistungskennzahlen eines Unternehmens hinaus. Vielfältige Teams bringen oft ein breiteres Spektrum an Problemlösungen hervor, fördern die Kreativität und die Innovation. Sie bieten unterschiedliche Perspektiven, die den Status quo in Frage stellen und zu neuen Ansätzen inspirieren können. Darüber hinaus werden Unternehmen, die sich für Vielfalt und Integration einsetzen, oft positiver gesehen, was dazu beiträgt, Spitzenkräfte anzuziehen und sogar die Wahl der Verbraucher zu beeinflussen.

Das rasante Tempo der Globalisierung hat die Art und Weise, wie Unternehmen arbeiten, verändert und ein ganzes Spektrum an Komplexitäten und Möglichkeiten geschaffen. In dieser Ära der Verflechtung und Interdependenz benötigen Führungskräfte ein ausgeprägtes Verständnis für unterschiedliche Kulturen, Traditionen und Perspektiven, um fundierte Entscheidungen treffen zu können. Führungskräfte sind nicht mehr nur auf die lokale oder nationale Ebene beschränkt, sondern müssen die globalen Auswirkungen ihrer Entscheidungen berücksichtigen.

- Die Notwendigkeit der Anpassung: Vorbei sind die Zeiten, in denen Führungskräfte innerhalb einer vertrauten Reihe kultureller Normen agieren konnten. In dem Maße, in dem sich die Geschäftstätigkeit über die Grenzen hinaus ausweitet, muss auch der Horizont derjenigen, die an der Spitze stehen, erweitert werden. Bei der Anpassung geht es nicht nur darum, ausländische Märkte oder globale Wirtschaftstrends zu verstehen, sondern auch die feinen Nuancen zu erkennen, die das menschliche Verhalten, die Motivation und die Werte in anderen Teilen der Welt beeinflussen. Ein solches Verständnis ist unerlässlich, um Teams effektiv zu führen, mit Partnern zu verhandeln und bei Kunden auf der ganzen Welt Anklang zu finden.

- Fertigkeiten für die globale Arena entwickeln: Die Führungskräfte von heute brauchen eine Reihe von Fähigkeiten, die auf die globale Arena zugeschnitten sind. Kulturelle Intelligenz zum Beispiel ist von unschätzbarem Wert. Diese Form der Intelligenz geht über ein einfaches kulturelles Bewusstsein hinaus und umfasst die Fähigkeit, Verhaltensweisen und Strategien als Reaktion auf unterschiedliche kulturelle Kontexte anzupassen. Ebenso müssen globale Führungskräfte ein feines Gespür für geopolitische Veränderungen und deren potenzielle geschäftliche Auswirkungen entwickeln, eine Fähigkeit, die eine Mischung aus historischem Wissen, Einblick in aktuelle Angelegenheiten und zukunftsorientiertem Scharfsinn erfordert.

- Perspektivenerweiterung durch kontinuierliches Lernen: Die effektivsten Führungskräfte sind diejenigen, die sich zu lebenslangem Lernen verpflichten. Das bedeutet nicht nur, dass sie sich über Branchentrends und Innovationen auf dem

Laufenden halten, sondern auch, dass sie sich mit der Geschichte, den Sprachen und den Philosophien der verschiedenen Kulturen, mit denen sie zu tun haben, auseinandersetzen. Ein solch umfassendes Verständnis erleichtert tiefere Verbindungen, schafft Vertrauen und ermöglicht authentischere Interaktionen.

- Die reiche Palette der Vielfalt nutzen: Vielfalt ist nicht nur ein Schlagwort, sondern ein Kraftwerk an ungenutztem Potenzial. Unterschiedliche Lebenserfahrungen, Weltanschauungen und kognitive Stile fügen sich zu einem Mosaik von Perspektiven zusammen. Richtig eingesetzt, kann diese Vielfalt zu innovativen Lösungen, kreativen Problemlösungen und robusten Strategien führen, die sich an ein globales Publikum richten. Führungskräfte müssen ein Umfeld schaffen, in dem Unterschiede gewürdigt werden, in dem jede Stimme gewürdigt wird und in dem die kollektive Weisheit verschiedener Teams für den gemeinsamen Erfolg nutzbar gemacht wird.

- Herausforderungen mit Einfühlungsvermögen und Inklusivität meistern: Wenn Führungskräfte in unbekannte Gefilde vordringen, werden sie zwangsläufig mit Herausforderungen konfrontiert. Einige dieser Herausforderungen können sich aus Missverständnissen oder Fehlinterpretationen ergeben, die auf kulturelle Unterschiede zurückzuführen sind. In solchen Fällen ist Einfühlungsvermögen das wichtigste Werkzeug einer Führungskraft. Indem sie sich bemühen, die Standpunkte und Emotionen anderer zu verstehen, können Führungskräfte den gegenseitigen Respekt fördern und Gräben überbrücken.

In der Vergangenheit waren die Führungsstrukturen, insbesondere in der Unternehmenswelt, überwiegend männerzentriert, wodurch Frauen oft an den Rand gedrängt oder in Rollen mit begrenzter Entscheidungsbefugnis verwiesen wurden. Dies war nicht nur eine Folge von Voreingenommenheit am Arbeitsplatz, sondern spiegelte auch allgemeine gesellschaftliche Normen wider, die Frauen nur zögerlich als Entscheidungsträgerinnen und Visionärinnen ansahen.

Mit dem Fortschritt der Gesellschaft und den Veränderungen in der Unternehmenslandschaft begann sich das Bild zu wandeln. Frauen begannen, gläserne Decken zu durchbrechen und bewiesen immer wieder, dass Führung kein Geschlecht kennt. Es wurde immer deutlicher, dass weibliche Führungskräfte oft einzigartige Perspektiven einbrachten, indem sie Stärke mit Empathie, Durchsetzungsvermögen mit Verständnis und Visionen mit Inklusivität verbanden.

Ihr Aufstieg in Führungspositionen war oft von Herausforderungen geprägt. Offene und unbewusste Vorurteile, Hürden bei der Vereinbarkeit von Beruf und Familie und mangelnde Repräsentanz in bestimmten Sektoren bedeuteten, dass jeder Schritt hart erarbeitet werden musste. Aber mit jeder überwundenen Herausforderung haben sie einen Präzedenzfall geschaffen und den Weg für künftige Generationen geebnet.

Unternehmen, die von Frauen geleitet werden, verzeichnen häufig eine höhere Rentabilität, mehr Innovation und einen ganzheitlichen Ansatz zur Problemlösung. Solche empirischen Belege räumen mit allen noch bestehenden Mythen über die Fähigkeiten weiblicher Führungskräfte auf. Die Führungsqualitäten, die sie an den Tag legen - sei es Belastbarkeit im Angesicht von Widrigkeiten, emotionale Intelligenz, die den Zusammenhalt im Team fördert, oder strategischer Scharfsinn, der durch vielfältige Lebenserfahrungen geprägt ist - unterstreichen, wie wichtig es ist, unterschiedliche Stimmen am Entscheidungstisch zu haben.

Führungsfrauen sind oft Vorbilder, nicht nur für angehende weibliche Führungskräfte, sondern für alle, die an die Grundsätze der Gleichberechtigung, Belastbarkeit und Leistungsgesellschaft glauben. Ihre Geschichten inspirieren, ihre Visionen sind richtungsweisend, und ihr Weg unterstreicht die Essenz moderner Führung.

Vielfalt, in all ihren Formen, bereichert die Führung. Genauso wie eine Mischung aus verschiedenen Kulturen und Hintergründen vielfältige Perspektiven bietet, gilt dies auch für ein ausgewogenes Verhältnis der Geschlechter. Wenn wir Führung durch die Linse des Geschlechts betrachten, geht es nicht nur um Repräsentation. Es geht darum, die Paradigmen der Führung neu zu gestalten und sie mit unterschiedlichen Erfahrungen, Einsichten und Visionen zu füllen.

Wenn wir das Potenzial unserer vielfältigen, vernetzten Welt wirklich nutzen wollen, müssen wir uns für Führungskräfte mit unterschiedlichem Hintergrund einsetzen, unabhängig von Geschlecht oder anderen Unterscheidungsmerkmalen. Nur so können Organisationen, Gesellschaften und Nationen in einer Zeit des raschen Wandels und der globalen Verflechtung gedeihen.

Übung 5: Umgang mit Führungsvielfalt - Simulation des Rollentauschs

Zielsetzung: Verständnis und Wertschätzung für die verschiedenen Herausforderungen, Perspektiven und Vorteile, die mit einer vielfältigen Führung einhergehen. Als Teil unserer Erkundung der Vielfalt in der Führung werden wir eine praktische Übung durchführen, die Einblicke in verschiedene Führungsperspektiven und -herausforderungen geben soll. Ziel dieser Simulation ist es, sich in die Lage einer Person zu versetzen, die ganz anders ist als man selbst, um ein einfühlsames Verständnis für unterschiedliche Führungserfahrungen zu entwickeln.

Anweisungen:

Bildung von Gruppen:
- Bitte teilen Sie sich in kleine Gruppen von 5 Personen auf.
- Jeder Gruppe werden verschiedene Führungsszenarien zugewiesen, die auf realen Herausforderungen beruhen, mit denen verschiedene Führungskräfte konfrontiert sind.

Szenario-Zuweisung: Jede Gruppe erhält ein Paket, in dem ein bestimmtes Führungsszenario beschrieben wird. Dieses Szenario könnte die Herausforderungen beschreiben, mit denen eine weibliche Geschäftsführerin in einer von Männern dominierten Branche konfrontiert ist, eine junge Führungskraft, die ein Team von älteren Mitarbeitern leitet, oder eine ausländische Führungskraft, die sich in einem anderen kulturellen Kontext zurechtfinden muss.

Umkehrung der Rolle:
- In jeder Gruppe übernimmt ein Schüler die Rolle des im Szenario beschriebenen Leiters. Die übrigen Mitglieder

agieren als Teammitglieder, Interessenvertreter oder Vorstandsmitglieder.

- Diejenigen, die eine Führungsrolle innehaben, müssen auf die im Szenario beschriebenen Herausforderungen und Aufgaben reagieren, während die anderen gemäß den gegebenen Anweisungen reagieren, Fragen stellen oder unterstützen.

Diskussion und Reflexion: Nachdem sie die Szenarien durchgespielt haben, wird jede Gruppe ihre Erfahrungen diskutieren. Reflektieren Sie die Herausforderungen, mit denen sie konfrontiert waren, wie der vielfältige Hintergrund der Führungskraft Entscheidungen beeinflusst hat und welche Vorteile die Vielfalt mit sich brachte.
Ein Mitglied jeder Gruppe wird dann die Überlegungen seiner Gruppe der gesamten Klasse vorstellen.

Klassenweite Nachbesprechung: Wir kommen als Klasse wieder zusammen und diskutieren die übergreifenden Themen, Herausforderungen und Erkenntnisse, die sich aus der Simulation ergeben haben. Wir werden auch mögliche Strategien und Lösungen für die Herausforderungen in jedem Szenario untersuchen.

Durch diese Übung werden Sie: Erfahrungen aus erster Hand mit den Herausforderungen sammeln, denen sich diverse Führungskräfte gegenübersehen können. Sie verstehen die Vorteile und einzigartigen Perspektiven, die unterschiedliche Führungskräfte in eine Organisation einbringen können. Sie entwickeln einfühlsame Führungsfähigkeiten, indem Sie in die Rolle einer Person mit einem anderen Hintergrund oder einer anderen Erfahrung schlüpfen. Verbessern Sie Ihre Fähigkeiten zur Zusammenarbeit und zur anpassungsfähigen Problembewältigung. Denken Sie daran, dass Vielfalt in der Führung nicht nur ein "Nice-to-have" ist - sie ist ein entscheidender Bestandteil einer modernen, effektiven und widerstandsfähigen Führung. Durch Übungen wie diese möchten wir Sie mit dem Verständnis und den Fähigkeiten ausstatten, die Sie benötigen, um in Ihren zukünftigen Führungspositionen mit Vielfalt umzugehen und sie zu fördern.

Kapitel 6: Organisatorisches Verhalten (OB)

Das Herzstück eines jeden erfolgreichen Unternehmens ist ein komplexes Geflecht aus menschlichen Verhaltensweisen, Interaktionen und Beziehungen. Zwar sind die Produkte, Dienstleistungen oder Technologien, die ein Unternehmen anbietet, von wesentlicher Bedeutung, doch ist es das menschliche Element - das dynamische Zusammenspiel von individuellen Persönlichkeiten, Teamdynamik und übergreifender Organisationskultur -, das oft über Erfolg oder Misserfolg eines Unternehmens entscheidet. Dies ist der Bereich des Organisationsverhaltens, ein Gebiet, das sich mit den Feinheiten des menschlichen Verhaltens im Kontext von Organisationen befasst.

In der heutigen, sich schnell entwickelnden Unternehmenslandschaft war das Verständnis von Organisationsverhalten noch nie so wichtig wie heute. Da Unternehmen mit Herausforderungen wie Globalisierung, technologischem Fortschritt und demografischem Wandel zu kämpfen haben, wird deutlich, wie wichtig es ist, die menschliche Seite des Betriebs zu optimieren. Es geht nicht nur darum, eine Strategie oder die richtigen Ressourcen zu haben, sondern auch darum, zu verstehen, wie Einzelpersonen denken, wie Teams arbeiten und wie die Kultur eines Unternehmens Innovationen entweder fördern oder hemmen kann.

Dieses Kapitel, "Organisatorisches Verhalten", zielt darauf ab, die Tiefen des menschlichen Verhaltens am Arbeitsplatz zu beleuchten. Wir werden die unzähligen Faktoren erforschen, die die Einstellungen, Wahrnehmungen und Motivationen des Einzelnen beeinflussen. Wir befassen uns mit der Teamdynamik und beleuchten die Prozesse, die die Zusammenarbeit fördern, und diejenigen, die zu Konflikten führen. Führung, ein wesentlicher Aspekt des Organisationsverhaltens, wird untersucht und es wird aufgezeigt, wie Führungskräfte die Kultur und das Klima ihrer

Organisationen gestalten und beeinflussen können. Darüber hinaus werden wir im Laufe des Kapitels immer wieder auf die Bedeutung von Kommunikation, Entscheidungsfindung und Veränderungsmanagement hinweisen, also auf wichtige Säulen, die die Infrastruktur einer gut funktionierenden Organisation unterstützen.

Beim Studium des Organisationsverhaltens geht es nicht nur darum zu verstehen, wie Organisationen funktionieren. Es geht darum, Führungskräften, Managern und Mitarbeitern Einblicke und Werkzeuge an die Hand zu geben, um effektivere, harmonischere und erfolgreichere Arbeitsplätze zu schaffen. In diesem Kapitel laden wir Sie ein, in diese faszinierende Welt einzutauchen, in der Psychologie auf Wirtschaft trifft und menschliches Potenzial auf organisatorischen Erfolg.

Im Bereich der Wirtschaft und des Managements gibt es ein Spezialgebiet, das sich mit dem Kern dessen befasst, was Organisationen ausmacht: Organizational Behavior (OB). Aber was ist das genau, und warum ist es in der heutigen komplexen Unternehmenswelt so wichtig?

Definition und Bedeutung des Studiums des Organisationsverhaltens

Organizational Behavior ist im Wesentlichen die umfassende Untersuchung des menschlichen Verhaltens in Organisationen. Es ist ein interdisziplinäres Fachgebiet, das Erkenntnisse aus der Psychologie, Soziologie, Anthropologie und Ökonomie zusammenführt, um den komplizierten Tanz menschlicher Aktionen, Interaktionen und Reaktionen am Arbeitsplatz zu verstehen. OB konzentriert sich nicht nur auf die Verhaltensweisen selbst, sondern versucht, die zugrunde liegenden Motivationen, Wahrnehmungen, Emotionen und Werte aufzudecken, die diese Verhaltensweisen steuern.

Das Verständnis des Organisationsverhaltens ist aus mehreren Gründen wichtig. In erster Linie bestehen Organisationen aus Menschen. Die Effizienz, die Produktivität und das allgemeine Wohlergehen jeder Organisation sind direkt mit dem Wohlbefinden, der Motivation und dem Verhalten ihrer Mitglieder verbunden. Durch die Untersuchung von OB können Führungskräfte und Manager die komplexe menschliche Dynamik besser vorhersagen und verstehen, was zu fundierteren Entscheidungsprozessen führt.

Wenn Unternehmen wachsen und sich weiterentwickeln, werden die Herausforderungen, denen sie sich stellen müssen, immer vielfältiger. Von der Lösung von Konflikten bis zur Sicherstellung einer effektiven Kommunikation, von der Bewältigung des organisatorischen Wandels bis zur Förderung von Innovationen - das Verständnis der Nuancen des menschlichen Verhaltens ist von größter Bedeutung. Damit Unternehmen florieren können, müssen sie nicht nur finanziell oder technologisch solide sein, sondern den Menschen und sein Verhalten in den Mittelpunkt ihrer operativen Strategien stellen.

Das Zusammenspiel zwischen Einzelpersonen, Gruppen und der Organisation als Ganzes

Die Schönheit und Komplexität des Organisationsverhaltens ergibt sich aus dem komplizierten Zusammenspiel zwischen verschiedenen Ebenen: Einzelpersonen, Gruppen oder Teams und die Organisation als Ganzes. Jede Ebene, auch wenn sie unterschiedlich ist, beeinflusst die anderen und wird von ihnen beeinflusst.

Auf individueller Ebene spielen Faktoren wie Persönlichkeit, Wahrnehmung, Motivation und Arbeitszufriedenheit eine zentrale Rolle bei der Bestimmung des Verhaltens einer Person innerhalb einer Organisation. Diese individuellen Verhaltensweisen werden wiederum von der Gruppendynamik beeinflusst und geformt.

Wenn sich Einzelpersonen zu Teams oder Gruppen zusammenschließen, entstehen neue Verhaltensmuster. Gruppennormen, Rollen und Konflikte kommen ins Spiel und prägen das Verhalten der Gruppe als kollektive Einheit.

Bei näherer Betrachtung agieren diese Gruppen im breiteren Rahmen der Organisation. Die Kultur, die Struktur und der Führungsstil der Organisation geben den Ton für das Verhalten des Einzelnen und der Gruppe an. Dieses übergreifende organisatorische Dach bestimmt die Richtlinien, Verfahren und Werte, die den Umgang der Mitglieder der Organisation untereinander und mit externen Interessengruppen bestimmen.

Das Rückgrat eines jeden Unternehmens sind seine Mitarbeiter. Jedes Mitglied bringt eine einzigartige Mischung aus Erfahrungen, Eigenschaften und Perspektiven mit. Um das Verhalten einer Organisation wirklich zu verstehen, muss man zunächst die grundlegenden Elemente kennen, die das individuelle Verhalten bestimmen. Zwar beeinflussen unzählige Faktoren das Verhalten einer Person an einem Arbeitsplatz, doch einige Elemente erweisen sich immer wieder als entscheidende Determinanten.

Persönlichkeit und Arbeitsverhalten

Jeder Mensch ist ein Mosaik von Merkmalen, die seine Persönlichkeit ausmachen. Diese Konstellation von Merkmalen - von Offenheit für Erfahrungen bis hin zu Gewissenhaftigkeit - spielt eine wichtige Rolle bei der Gestaltung des Arbeitsansatzes einer Person. Jemand mit einem hohen Grad an Extravertiertheit könnte sich zum Beispiel in teambasierten Projekten und Rollen, die häufige zwischenmenschliche Interaktionen erfordern, wohl fühlen. Im Gegensatz dazu könnte eine Person mit einem hohen Grad an Neurotizismus empfindlicher auf Stress oder Kritik am Arbeitsplatz reagieren.

Es geht aber nicht nur darum, wie die Persönlichkeit das Arbeitsverhalten beeinflusst. Auch das organisatorische Umfeld wirkt sich darauf aus, wie die Persönlichkeitsmerkmale zum Ausdruck kommen. Eine starre, hierarchische Unternehmensstruktur kann die Kreativität einer Person mit einem hohen Maß an Offenheit unterdrücken, während ein flexibles Startup-Umfeld diese verstärken kann.

Wahrnehmung und individuelle Entscheidungsfindung

Jeden Tag treffen die Mitarbeiter eines Unternehmens unzählige Entscheidungen, sowohl kleine als auch wichtige. Diesen Entscheidungen liegt ein komplexer Wahrnehmungsprozess zugrunde - die Art und Weise, wie der Einzelne die riesige Menge an Informationen, die er erhält, auswählt, ordnet und interpretiert. Dieser Wahrnehmungsprozess ist zutiefst persönlich, gefiltert durch die früheren Erfahrungen, Vorurteile und den kulturellen Hintergrund jedes Einzelnen.

So können beispielsweise zwei Manager die Leistung ein und desselben Mitarbeiters aufgrund ihrer individuellen Voreingenommenheit oder früherer Interaktionen mit dem Mitarbeiter unterschiedlich wahrnehmen. Diese Wahrnehmungen beeinflussen wiederum ihre Entscheidungsfindung, vom Feedback, das sie dem Mitarbeiter geben, bis hin zu Entscheidungen über Beförderungen oder Gehaltserhöhungen. Einstellungen, Arbeitszufriedenheit und Motivation

Einstellungen sind bewertende Aussagen oder Urteile über Objekte, Personen oder Ereignisse. Am Arbeitsplatz können Einstellungen eine Reihe von Themen umfassen, von Gefühlen über ein bestimmtes Projekt bis hin zu Meinungen über die Unternehmensführung. Diese Einstellungen, vor allem wenn sie mit der Arbeitszufriedenheit zusammenhängen, haben tief greifende Auswirkungen auf das Unternehmensergebnis. Ein zufriedener Mitarbeiter ist mit größerer Wahrscheinlichkeit motiviert, loyal und produktiv.

Motivation, die treibende Kraft hinter allen menschlichen Handlungen, ist im Arbeitskontext besonders wichtig. Sie ist zwar zum Teil intrinsisch, d. h. sie entspringt den inneren Wünschen und Zielen einer Person, wird aber auch stark von externen Faktoren beeinflusst. Organisatorische Belohnungen, Anerkennung, Wachstumschancen und die Art der Arbeit selbst können die Motivation eines Mitarbeiters fördern oder verringern.

Arbeitsteams und Gruppen

Die moderne Organisationslandschaft hat den Wert der Zusammenarbeit zunehmend erkannt, und Arbeitsteams und - gruppen werden zu wesentlichen Produktivitätseinheiten. Anstatt als isolierte Einzelpersonen zu arbeiten, arbeiten die Mitarbeiter zusammen, führen Brainstormings durch und bewältigen Herausforderungen gemeinsam, wobei sie sich die kollektive Weisheit und die unterschiedlichen Fähigkeiten ihrer Teammitglieder zunutze machen. Dieser Geist der Zusammenarbeit bringt jedoch seine eigene Komplexität mit sich, die von der Art der Teams, der Dynamik innerhalb der Teams und den unvermeidlichen Konflikten, die dabei entstehen, geprägt ist.

Arten von Teams

Es gibt keine Einheitsgröße, wenn es um Teams am Arbeitsplatz geht. Unternehmen setzen eine Vielzahl von Teamstrukturen ein, um spezifischen Anforderungen gerecht zu werden:

- Funktionale Teams: Diese Teams sind um bestimmte Funktionen oder Abteilungen herum organisiert, wie Marketing, Finanzen oder Personalwesen. Die Mitglieder verfügen in der Regel über ähnliche Fähigkeiten und

Kenntnisse und arbeiten an Aufgaben, die in ihren Aufgabenbereich fallen.

- Funktionsübergreifende Teams: Diese Teams setzen sich aus Mitgliedern verschiedener Abteilungen oder Funktionen zusammen und werden gebildet, um ein gemeinsames Ziel zu erreichen. Sie bringen unterschiedliche Perspektiven und Fachkenntnisse zusammen, was oft zu innovativen Lösungen führt.

- Virtuelle Teams: Das digitale Zeitalter und die zunehmende Fernarbeit haben virtuelle Teams zur Normalität werden lassen. Diese Teams bestehen aus Mitgliedern, die zwar geografisch verstreut sind, aber mithilfe von Technologien zusammenarbeiten, von Videokonferenzen bis hin zu Plattformen für die Zusammenarbeit.

Gruppendynamik

Die interne Mechanik der Funktionsweise eines Teams - seine Dynamik - kann über Erfolg oder Misserfolg entscheiden. Das Leben einer Gruppe ist in der Regel von mehreren Phasen geprägt: Forming (wenn die Mitglieder zum ersten Mal zusammenkommen), Storming (wenn Konflikte und Differenzen auftreten), Norming (Etablierung von Routinen und Rollen), Performing (wenn das Team beginnt, seine Ziele zu erreichen) und Adjourning (wenn das Team sein Ziel erreicht hat oder das Projekt endet).

Innerhalb dieser Phasen spielen bestimmte Aspekte eine zentrale Rolle:

- Normen: Jedes Team entwickelt seine eigenen ungeschriebenen Regeln oder Normen, die das erwartete Verhalten vorschreiben. Dabei kann es sich um Pünktlichkeit, Kommunikationsetikette oder sogar Kleiderordnung handeln.

- Rollen: Im Laufe der Zeit übernehmen die Mitglieder ganz natürlich bestimmte Rollen innerhalb des Teams, sei es die des Ideengebers, des Kritikers, des Harmonisierers oder des Ausführenden.

- Zusammenhalt: Dies bezieht sich auf die Stärke der Bindung zwischen den Teammitgliedern. Ein Team mit starkem Zusammenhalt hat in der Regel eine bessere Zusammenarbeit und eine höhere Arbeitsmoral.

Umgang mit Konflikten in Teams

Konflikte werden zwar oft als negativ empfunden, sind aber ein natürlicher Bestandteil von Teaminteraktionen. Wenn sie effektiv gehandhabt werden, können sie zu einem besseren Verständnis, einer klareren Kommunikation und innovativen Lösungen führen. Ein unkontrollierter oder schlecht geführter Konflikt kann jedoch die Harmonie im Team stören und die Leistung beeinträchtigen.

Führungskräfte und Teammitglieder müssen in der Lage sein, Konfliktquellen zu erkennen, unabhängig davon, ob sie auf Meinungsverschiedenheiten, wahrgenommene Ungerechtigkeiten oder persönliche Differenzen zurückzuführen sind. Effektive Konfliktmanagement-Strategien, von offener Kommunikation bis hin zu Mediation durch Dritte, können sicherstellen, dass Meinungsverschiedenheiten nicht zu Hindernissen, sondern zu Sprungbrettern für eine bessere Zusammenarbeit werden.

Die Welt der Arbeitsteams und -gruppen ist kompliziert und wird von der Art des Teams, seiner internen Dynamik und den Herausforderungen, denen es sich stellen muss, beeinflusst. Wenn Unternehmen diese Nuancen verstehen, können sie eine Kultur der effektiven Teamarbeit fördern, die Produktivität und Innovation gleichermaßen vorantreibt.

Führung im organisatorischen Verhalten

Innerhalb des komplexen Geflechts einer Organisation fungiert die Führung als roter Faden, der die verschiedenen Elemente zu einem zusammenhängenden Ganzen verwebt. Jeder Einzelne in einer Organisation spielt seine Rolle, aber oft sind es die Führungskräfte, die den größten Schatten werfen, indem sie nicht nur die Details des Tagesgeschäfts beeinflussen, sondern auch die weniger greifbaren Aspekte der Arbeitsplatzkultur, der Zusammenarbeit und der Arbeitsmoral.

Die Unterscheidung zwischen Führung und Management ist ein Thema, das viel diskutiert wird. Das Management konzentriert sich in erster Linie auf Aufgaben: Es stellt sicher, dass sie erledigt werden, dass die Ressourcen optimiert und die Ziele erreicht werden. Es beruht auf den Tätigkeiten des Planens, Organisierens und Kontrollierens. Leadership hingegen befasst sich mit dem tieferen Bereich der menschlichen Interaktionen und Motivationen. Führungspersönlichkeiten sind Visionäre, die ihre Teams inspirieren und für gemeinsame Ziele begeistern. Sie schaffen ein innovationsförderndes Umfeld, sorgen dafür, dass sich die Teammitglieder wertgeschätzt fühlen, und treiben das Unternehmen voran, indem sie den Status quo ständig in Frage stellen.

Unterschiedliche Führungsstile können das Betriebsklima drastisch verändern:

Autokratische Führungspersönlichkeiten neigen dazu, Entscheidungen ohne große Rücksprache zu treffen. Dies kann zu einer schnellen Entscheidungsfindung führen, kann aber auch die Kreativität unterdrücken und dazu führen, dass sich die Mitarbeiter übergangen fühlen.

Auf der anderen Seite binden **demokratische Führungskräfte** ihre Teams in Entscheidungsprozesse ein, was die Moral und das

Gefühl der Eigenverantwortung stärkt, auch wenn es gelegentlich zu Verzögerungen führen kann.

Transformational Leaders setzen nicht nur ehrgeizige Ziele, sondern motivieren ihre Teams auch leidenschaftlich, diese zu erreichen, und fordern sie heraus, ihre eigenen Grenzen zu überschreiten.

Im Gegensatz dazu lassen **Laissez-faire-Führungskräfte** ihren Teams große Freiheiten. Dies kann zwar zu innovativen Ergebnissen führen, birgt aber auch die Gefahr, dass es an Anleitung oder Orientierung mangelt.

Jeder Führungsstil mit seinem eigenen Ansatz wirkt sich in einzigartiger Weise auf Aspekte wie die Zusammenarbeit im Team, die Kommunikationskanäle, die Innovationsfähigkeit und das allgemeine Wohlergehen des Unternehmens aus. Über den Stil hinaus liegt die Grundlage einer effektiven Führung im Vertrauen. Führungskräfte, die das Vertrauen in ihren Teams fördern, finden sich oft an der Spitze von engagierten, kooperativen und engagierten Gruppen wieder. Macht, ein wesentlicher Aspekt der Führung, bezieht sich auf die Fähigkeit, Einfluss zu nehmen. Wie diese Macht eingesetzt wird - um zu kontrollieren, zu manipulieren oder zu inspirieren - hat weitreichende Auswirkungen auf das organisatorische Umfeld.

Und schließlich ist Politik oder der taktische Einsatz von Einfluss für bestimmte Ergebnisse in den meisten Organisationen eine Realität. Obwohl der Begriff "Büropolitik" oft negativ besetzt ist, kann sie, wenn sie mit Bedacht eingesetzt wird, positive Veränderungen und Innovationen bewirken. Führungskräfte müssen jedoch wachsam bleiben und sicherstellen, dass Politik nicht zu Spaltungen führt oder unethisches Verhalten fördert.

Organisationskultur und -klima

Wenn im großen Theater des Organisationslebens Strategien, Strukturen und Systeme die sichtbaren Kulissen und Bühnen sind, dann ist die Organisationskultur die unsichtbare, aber spürbare Atmosphäre, die jeden Akt und jede Szene durchdringt. Es ist das zugrundeliegende Ethos, das vorgibt, wie Mitarbeiter interagieren, Entscheidungen treffen und ihre Rolle innerhalb der größeren Erzählung der Organisation wahrnehmen.

Unter Organisationskultur versteht man die gemeinsamen Werte, Überzeugungen und Praktiken, die die Handlungen und Verhaltensweisen der Mitglieder einer Organisation bestimmen. Sie ist vergleichbar mit einem Eisberg: Während bestimmte Aspekte wie Kleiderordnung oder Bürogestaltung sofort sichtbar sind, bleibt die überwiegende Mehrheit der Werte, Normen und ungeschriebenen Regeln im Verborgenen, spürbar, aber nicht immer sichtbar.

Eine Vielzahl von Faktoren kommt zusammen, um die Organisationskultur zu formen und zu gestalten. Die Führung spielt unbestreitbar eine zentrale Rolle. Die Vision und die Werte, für die die Führungskräfte eintreten, die Verhaltensweisen, die sie belohnen, und die Geschichten, die sie erzählen, spielen alle eine Rolle bei der Gestaltung des kulturellen Gefüges. Auch das historische Erbe hinterlässt seine Spuren. Die Ursprünge einer Organisation, die Herausforderungen, die sie in der Vergangenheit bewältigt hat, und die Meilensteine, die sie erreicht hat, können ihre kulturelle Ausrichtung beeinflussen. Darüber hinaus können Strategien und Ziele, insbesondere wenn sie konsequent kommuniziert und verfolgt werden, die Kultur prägen. Ein Unternehmen, das auf schnelle Innovation setzt, könnte beispielsweise eine Kultur kultivieren, die Risikobereitschaft und schnelle Entscheidungsfindung schätzt.

Das Verständnis der Kulturdynamik wird noch wichtiger, wenn wir ihre Beziehung zum Organisationsverhalten betrachten. Eine positive, integrative Kultur kann Mitarbeiter zu größeren

Leistungen anspornen und die Zusammenarbeit, Innovation und allgemeine Produktivität fördern. Auf der anderen Seite kann eine toxische Kultur die Kreativität ersticken, Misstrauen erzeugen und die Leistung behindern. Die Auswirkungen der Kultur ziehen sich durch jeden Korridor und jede Kabine und wirken sich auf die Arbeitszufriedenheit, die Fluktuationsrate und sogar auf das Endergebnis aus.

Das übergreifende Klima einer Organisation - die kollektiven Wahrnehmungen und Einstellungen ihrer Mitglieder - spiegelt oft ihre Kultur wider. Während sich die Kultur mit gemeinsamen Werten und Normen befasst, geht es beim Klima darum, wie die Mitarbeiter das organisatorische Umfeld empfinden. Ein gesundes Organisationsklima, das durch eine positive Kultur gefördert wird, kann ein starker Katalysator für bessere Leistung, Mitarbeiterzufriedenheit und Mitarbeiterbindung sein.

Organisationskultur und -klima sind keine bloßen HR-Schlagworte. Sie sind wichtige, miteinander verflochtene Faktoren, die sich spürbar auf die Leistung und Gesundheit eines Unternehmens auswirken. Führungskräfte und Entscheidungsträger, die dem Verständnis und der Gestaltung ihrer Kultur Priorität einräumen, tätigen eine Investition, die sich in Form von Mitarbeitermoral, Innovation und Gesamterfolg auszahlen wird.

Kommunikation in Organisationen

Kommunikation wird oft als das Lebenselixier einer Organisation bezeichnet und ist der Dreh- und Angelpunkt, der die riesige Maschinerie von Unternehmen zusammenhält. Im organisatorischen Kontext umfasst sie ein breites Spektrum, das vom Ideenaustausch während einer Brainstorming-Sitzung bis hin zu offiziellen Memos reicht, die abteilungsübergreifend verteilt werden. Ihre Auswirkungen ziehen sich durch die gesamte Unternehmenshierarchie und beeinflussen die

Entscheidungsfindung, die Zusammenarbeit und den allgemeinen Arbeitsrhythmus.

Eine der wichtigsten Facetten der Kommunikation ist ihre Modalität. Mündliche Kommunikation, die Gespräche von Angesicht zu Angesicht, Telefongespräche und virtuelle Meetings umfasst, bietet Unmittelbarkeit und hilft oft beim Aufbau von Beziehungen zwischen den Teammitgliedern. Die Abhängigkeit vom gesprochenen Wort birgt jedoch auch das Risiko von Fehlinterpretationen, insbesondere wenn keine visuellen Hinweise vorhanden sind. Nonverbale Kommunikation, die Körpersprache, Gesten und sogar Schweigen umfasst, kann manchmal mehr vermitteln als Worte. Sie spielt eine unbewusste, aber entscheidende Rolle in zwischenmenschlichen Interaktionen, da sie Hinweise auf Emotionen, Absichten und Aufnahmebereitschaft gibt. Die schriftliche Kommunikation, die sich über E-Mails, Berichte und offizielle Dokumente erstreckt, sorgt für Klarheit und Beständigkeit. Sie stellt sicher, dass Informationen dokumentiert werden, wobei es angesichts des fehlenden Tons und der fehlenden Mimik unabdingbar ist, präzise und unmissverständlich zu sein.

So wichtig die Kommunikation auch ist, haben Organisationen häufig mit Hindernissen zu kämpfen, die ihre Wirksamkeit beeinträchtigen. Diese Hindernisse können physischer Natur sein, wie z. B. die geografische Entfernung zwischen Teams, oder technologischer Natur, wie z. B. veraltete Kommunikationsmittel. Meistens sind die Herausforderungen jedoch eher immaterieller Natur. Hierarchische Barrieren, bei denen Informationen auf dem Weg nach oben oder unten gefiltert oder verzerrt werden, oder kulturelle Barrieren, bei denen Unterschiede in Sprache, Werten oder Normen zu Missverständnissen führen, können eine effektive Kommunikation erheblich behindern.

In Anbetracht der Bedeutung der Kommunikation wird ihre Verbesserung zu einem strategischen Gebot. Die Förderung eines offenen Dialogs über Hierarchien hinweg kann ein Umfeld des Vertrauens und der Zusammenarbeit fördern. Abteilungsübergreifende Treffen können Informationslücken schließen und sicherstellen, dass die Teams nicht in Silos arbeiten. Schulungen können den Mitarbeitern die Werkzeuge und Techniken für eine effektive Kommunikation vermitteln, sei es durch aktives Zuhören oder effektive Präsentationsfähigkeiten. Darüber hinaus kann der Einsatz von Technologien - von Kollaborationsplattformen bis hin zu Videokonferenz-Tools - die Kommunikation optimieren und sicherstellen, dass die Teams, ob sie nun an einem Standort arbeiten oder geografisch verstreut sind, in Verbindung bleiben.

Entscheidungsfindung und Verhandlung

Die Entscheidungsfindung in einem Unternehmen ist vergleichbar mit dem Navigieren eines Schiffes durch schwierige Gewässer. Es handelt sich um einen Prozess, bei dem verschiedene Handlungsoptionen bewertet, potenzielle Hindernisse vorausgesehen und eine Richtung gewählt werden muss, die mit den Zielen der Organisation übereinstimmt. Während individuelle Entscheidungen einfach erscheinen mögen, umfassen organisatorische Entscheidungen eine Vielzahl von Variablen - Interessen der Stakeholder, finanzielle Auswirkungen, Marktdynamik und langfristige strategische Ziele, um nur einige zu nennen.

Der Entscheidungsfindungsprozess in Organisationen beginnt oft mit der Identifizierung eines Problems oder einer Gelegenheit. Anschließend werden relevante Informationen gesammelt und mögliche Lösungen oder Vorgehensweisen analysiert. Sobald eine Reihe von Alternativen aufgezeigt wurde, werden diese hinsichtlich ihrer Durchführbarkeit, ihrer Auswirkungen und ihrer Übereinstimmung mit den Unternehmenszielen bewertet. Der letzte Schritt besteht darin, eine Entscheidung zu treffen, sie umzusetzen und anschließend ihre Wirksamkeit zu überprüfen.

Dieser scheinbar systematische Prozess birgt einige Herausforderungen. Kognitive Voreingenommenheit, wie z. B. Confirmation Bias (Bevorzugung von Informationen, die mit unseren bereits bestehenden Überzeugungen übereinstimmen) oder Anchoring (starkes Verlassen auf die erste Information, die wir erhalten), kann den Entscheidungsprozess verzerren. Organisationspolitik, wenn verschiedene Abteilungen oder Interessengruppen konkurrierende Interessen haben, kann zu Blockaden führen. Darüber hinaus kann die schiere Menge an Daten, die im heutigen digitalen Zeitalter zur Verfügung steht, zu einer Analyselähmung führen, bei der es den Entscheidungsträgern schwer fällt, eine Entscheidung zu treffen, weil sie mit Informationen überhäuft werden.

Eng verbunden mit der Entscheidungsfindung ist die Kunst des Verhandelns. Ob es darum geht, ein Geschäft mit einem Lieferanten auszuhandeln, Konflikte innerhalb eines Teams zu lösen oder unterschiedliche Abteilungen auf ein gemeinsames Ziel auszurichten - Verhandlungen sind eine unverzichtbare Fähigkeit im Werkzeugkasten eines Unternehmens. Bei einer effektiven Verhandlung geht es nicht ums "Gewinnen", sondern darum, eine für beide Seiten vorteilhafte Lösung zu finden. Es geht darum, die Interessen aller beteiligten Parteien zu verstehen, effektiv zu kommunizieren, um Bedenken auszudrücken und zu verstehen, und eine vernünftige Mischung aus Zusammenarbeit und Kompromiss zu finden.

Verschiedene Techniken und Strategien können die Verhandlungsergebnisse verbessern. Aktives Zuhören, bei dem die Verhandlungsführer wirklich versuchen, die Perspektive der anderen Partei zu verstehen, kann Vertrauen schaffen. Eine gründliche Vorbereitung, bei der man sich über die beste Alternative zu einer ausgehandelten Vereinbarung (BATNA) im Klaren ist, kann ein Druckmittel sein. Darüber hinaus kann die Trennung der Personen vom Problem sicherstellen, dass die

Verhandlungen objektiv bleiben und sich nicht in persönliche Konflikte verwandeln.

Sowohl bei der Entscheidungsfindung als auch bei Verhandlungen geht es darum, einen Weg durch die komplizierte Landschaft der organisatorischen Dynamik zu finden. Sie erfordern eine Kombination aus analytischem Scharfsinn, zwischenmenschlichen Fähigkeiten und einer klaren Vision der übergeordneten Unternehmensziele. Wenn sie effektiv durchgeführt werden, können sie Organisationen durch Herausforderungen und zum Erfolg führen und die Widerstandsfähigkeit und Anpassungsfähigkeit in einem sich ständig weiterentwickelnden Geschäftsumfeld sicherstellen.

Veränderung und Stressbewältigung

In der sich ständig weiterentwickelnden Geschäftswelt ist der Wandel die einzige Konstante. Um relevant und wettbewerbsfähig zu bleiben, müssen sich Unternehmen an Marktveränderungen, technologische Fortschritte und sich verändernde Verbraucherpräferenzen anpassen. Doch trotz ihrer Unvermeidbarkeit stoßen Veränderungen oft auf Widerstand. Die Gründe dafür reichen von einer natürlichen menschlichen Abneigung gegen das Unbekannte bis hin zu Bedenken über die konkreten Auswirkungen auf Rollen, Verantwortlichkeiten und Organisationshierarchien.

Um den organisatorischen Wandel zu verstehen, muss man seine verschiedenen Facetten kennen. Im Kern kann der Wandel entweder reaktiv sein, d. h. auf externe Faktoren wie Marktveränderungen reagieren, oder proaktiv, d. h. aus internen strategischen Entscheidungen resultieren. Ob es sich um die Einführung einer neuen Technologie, den Eintritt in einen neuen Markt, eine Umstrukturierung oder einen kulturellen Wandel handelt - die Auswirkungen des organisatorischen Wandels sind enorm. Diese Veränderungen wirken sich nicht nur auf das

Tagesgeschäft aus, sondern beeinflussen auch das Ethos, den Auftrag und die Vision der Organisation im weiteren Sinne.

Widerstand gegen Veränderungen kann sich auf verschiedene Weise äußern, von offener Opposition und Skepsis bis hin zu subtiler Verzögerung. Ein solcher Widerstand ist nicht immer negativ; er kann ein Zeichen für berechtigte Bedenken sein, die es zu berücksichtigen gilt. Um diese unruhigen Gewässer zu durchschiffen, sind wirksame Strategien für das Veränderungsmanagement von entscheidender Bedeutung. Dazu kann eine klare Kommunikation über die Gründe für die Veränderung, ihre Vorteile und ihre Auswirkungen gehören. Die frühzeitige Einbindung der Betroffenen, die Berücksichtigung ihres Feedbacks und ihre Einbeziehung in den Veränderungsprozess können das Gefühl der Eigenverantwortung fördern und Widerstände verringern. Schulungen und Unterstützungsmechanismen, sowohl während als auch nach der Veränderung, können den Übergang weiter erleichtern.

Selbst bei den reibungslosesten Veränderungsprozessen ist Stress eine unvermeidliche Begleiterscheinung. Die Ungewissheit, die Veränderungen mit sich bringen, kann zusammen mit dem Druck, sich an neue Systeme oder Normen anzupassen, überwältigend sein. Darüber hinaus sind in der heutigen schnelllebigen Geschäftswelt die Stressfaktoren nicht auf organisatorische Veränderungen beschränkt. Enge Fristen, hohe Erwartungen, zwischenmenschliche Konflikte und die Herausforderung, ein ausgewogenes Verhältnis zwischen Arbeit und Privatleben zu finden, können ebenfalls zu Stress führen.

Die Auswirkungen von Stress auf das Organisationsverhalten sind tiefgreifend. Er kann zu verminderter Produktivität, erhöhten Fehlzeiten, Gesundheitsproblemen und sogar Burnout führen. Aus diesem Grund räumen Unternehmen der Stressbewältigung zunehmend Priorität ein, und zwar nicht nur als Wellness-Initiative, sondern als strategisches Gebot. Die Techniken zur

Stressbewältigung reichen von der Förderung eines positiven Arbeitsumfelds und der Vereinbarkeit von Beruf und Privatleben bis hin zur Bereitstellung von Ressourcen wie Beratung und Entspannungsworkshops. Regelmäßige Pausen, flexible Arbeitsbedingungen und die Förderung einer offenen Kommunikation, bei der die Mitarbeiter das Gefühl haben, gehört und bestätigt zu werden, können ebenfalls zur Stressreduzierung beitragen.

Im komplizierten Geflecht der Geschäftswelt ist das Organisationsverhalten ein zentraler Faktor, der die individuellen Bestrebungen, die Gruppendynamik und die übergreifenden Unternehmensziele miteinander verbindet. Wenn wir über die weitläufige Landschaft nachdenken, wird deutlich, dass Organisationsverhalten keine statische Disziplin ist, sondern sich ständig weiterentwickelt. Die Faktoren, die das Verhalten von Organisationen vor Jahrzehnten geprägt haben, unterscheiden sich erheblich von den heutigen Einflussfaktoren, sei es der Aufstieg der digitalen Kommunikation, die Gig-Economy, das Streben nach mehr Inklusion oder der globale Charakter moderner Unternehmen.

Mit Blick auf die Zukunft zeichnen sich mehrere Trends und Herausforderungen ab. Die zunehmende Integration von künstlicher Intelligenz und maschinellem Lernen in den Arbeitsalltag wird beispielsweise Rollen und Entscheidungsprozesse neu definieren. Fernarbeit und flexible Arbeit, beschleunigt durch globale Ereignisse wie die COVID-19-Pandemie, werden die Teamdynamik, die Kommunikation und den Führungsstil beeinflussen. Mit der zunehmenden Globalisierung der Unternehmen werden die Schwierigkeiten, mit den verschiedenen kulturellen Nuancen umzugehen, noch ausgeprägter werden. Darüber hinaus wird die zunehmende Bedeutung von Nachhaltigkeit und sozialer Verantwortung die Aufgaben, Werte und Verhaltensweisen von Unternehmen weiter beeinflussen.

Doch inmitten dieses Wandels bleibt eine Wahrheit unumstößlich: die tiefgreifende Bedeutung des Verständnisses und der Optimierung des Organisationsverhaltens. Im Kern geht es bei einem Unternehmen um Menschen. Und um den Erfolg voranzutreiben - sei es in Bezug auf Rentabilität, Innovation oder gesellschaftlichen Einfluss - ist es entscheidend, die Motivationen, Verhaltensweisen und Bestrebungen dieser Menschen zu verstehen. Das organisatorische Verhalten bietet eine Linse, durch die wir diese menschliche Dimension des Geschäfts besser verstehen können. Indem wir unser Verständnis ständig verfeinern, uns an neue Herausforderungen anpassen und ein Umfeld schaffen, in dem sich jeder Einzelne wertgeschätzt und gefördert fühlt, können Unternehmen nicht nur ihre unmittelbaren Ziele erreichen, sondern auch einen dauerhaften Erfolg in der Zukunft sicherstellen.

Übung 6: "Ihre OB-Reisekarte"

Zielsetzung: Tauchen Sie in die Welt des Organisationsverhaltens (OB) ein, indem Sie seine verschiedenen Komponenten zusammensetzen. Am Ende dieser Übung haben Sie ein ganzheitliches Bild von der Komplexität des Organisationsverhaltens und seiner Bedeutung im organisatorischen Umfeld.

Materialien, die Sie benötigen:
- Ein Satz von vorgefertigten Karteikarten. Jede Karte enthält einen Begriff oder ein Konzept aus dem Bereich des Organisationsverhaltens.
- Ein Whiteboard und Stifte.

Die Bühne ist bereitet:
- Sie beginnen in einer kleinen Gruppe von 4-5 Kommilitonen.
- Jede Gruppe erhält einen eigenen Satz von Karteikarten mit Begriffen und Konzepten aus dem OB-Bereich.

Ihre ersten Diskussionen: Diskutieren Sie in Ihrer Gruppe etwa 10 Minuten lang über die OB-Konzepte, die Sie erhalten haben, und machen Sie sich ein Bild davon. Dies ist Ihre Zeit, um diese Begriffe zu hinterfragen, zu analysieren und wirklich zu begreifen.

Mischen und anpassen: Wenn Sie eine solide Diskussion geführt haben, ist es an der Zeit, die Gruppe zu wechseln. Gehen Sie in eine neue Gruppe mit Studierenden, die eine andere Reihe von Begriffen hatten. Jeder von Ihnen stellt einen OB-Begriff oder ein Konzept vor, das Sie zuvor besprochen haben, und erklärt dessen Nuancen und wie es mit anderen zusammenhängen könnte.

Mapping Ihres Verständnisses: Im Laufe der Diskussion zeichnet ein Vertreter jeder Gruppe diese Konzepte an die Tafel und verknüpft die entsprechenden Begriffe. Beobachten Sie, wie sich die Tafel in ein Netz miteinander verbundener OB-Prinzipien verwandelt.

Kollektiver Einblick:

- Jetzt, wo alle an Bord sind, ist es Zeit für eine gemeinsame Diskussion. Ihr könntet darüber nachdenken:
- Hat Sie eine Verbindung zwischen den Konzepten überrascht?
- Welche Bereiche der OB scheinen Ihrer Karte zufolge am einflussreichsten zu sein?
- Können Sie sich an Beispiele aus dem wirklichen Leben erinnern, in denen diese OB-Konzepte zum Tragen kamen?

Nachdenken und in Beziehung setzen: Denken Sie abschließend darüber nach, warum es wichtig ist, diese Zusammenhänge zu verstehen. Überlegen Sie, wie sich eine Veränderung in einem OB-Bereich auf andere Bereiche auswirken könnte.

Durch diese Übung erfahren Sie aus erster Hand, wie vielschichtig Organisationsverhalten ist. Indem Sie verschiedene OB-Komponenten miteinander verweben, bereiten Sie sich besser darauf vor, komplexe organisatorische Herausforderungen zu bewältigen und zu steuern. Es geht nicht nur darum, die einzelnen Elemente zu verstehen, sondern das große Ganze zu sehen. Genießen Sie die Reise!

Kapitel 7: Entwicklung von Führungskräften

Die Entwicklung von Führungskräften ist ebenso sehr eine psychologische Angelegenheit wie der Erwerb von Fähigkeiten oder Wissen. In dem komplizierten Tanz des Führens und Folgens spielt die Psyche eine zentrale Rolle und beeinflusst Wahrnehmungen, Entscheidungen, Aktionen und Reaktionen. Die Beschäftigung mit dem Thema Führung aus einer psychologischen Perspektive beleuchtet die tieferen Unterströmungen, die den Werdegang von Führungskräften prägen, von den ersten Stadien der Identifizierung ihres Potenzials bis hin zum kontinuierlichen Wachstum, das durch Ausbildung und Mentorenschaft gefördert wird.

Die Identifizierung potenzieller Führungskräfte ist in erster Linie eine psychologische Angelegenheit. Es geht nicht nur um das Erkennen offenkundiger Eigenschaften oder vorbildlicher Leistungen. Vielmehr geht es darum, die kognitiven Fähigkeiten, die emotionale Intelligenz, die intrinsischen Motivationen und die unzähligen anderen psychologischen Faktoren zu verstehen, die eine angehende Führungskraft auszeichnen. Diese Menschen verfügen oft über eine einzigartige Kombination aus Selbstbewusstsein, Belastbarkeit und Visionen, die sie dazu antreibt, neue Wege zu beschreiten.

Nach der Identifizierung rückt der Bereich der Ausbildung und Schulung in den Vordergrund. Neben der Vermittlung einschlägiger Fähigkeiten und Kenntnisse ist der psychologische Aspekt dieser Ausbildung von größter Bedeutung. Hier müssen potenzielle Führungskräfte ihre Grenzen kennenlernen, sich ihren Ängsten stellen und die Kunst der Resilienz erlernen. Die psychologisch ausgerichteten Ausbildungsmodule konzentrieren sich auf Selbstreflexion, Selbsterkenntnis und die Kultivierung einer einfühlsamen, wachstumsorientierten Denkweise. Sie fordern die Teilnehmer auf, nicht nur Führungstheorien zu verstehen, sondern auch in sich zu gehen, ihre mentalen

Rahmenbedingungen zu verstehen und bereit zu sein, sich weiterzuentwickeln.

Mentorschaft und Coaching haben eine tiefe psychologische Bedeutung. Ein Mentor bietet mit seinem Erfahrungsschatz nicht nur Anleitung, sondern auch einen Spiegel, der sowohl Stärken als auch wachstumsfähige Bereiche reflektiert. Coaching hingegen ist eine Reise nach innen, die den Einzelnen oft dazu anregt, sich mit tief sitzenden Überzeugungen, Vorurteilen und Hindernissen auseinanderzusetzen. Der Coach unterstützt einen Transformationsprozess, der es dem Einzelnen ermöglicht, seine psychologischen Tiefen zu erschließen, seine Stärken zu nutzen und an seinen Grenzen zu arbeiten.

Kapitel 7 versucht, die tiefgreifenden psychologischen Dimensionen der Führungsentwicklung zu erhellen. Von den anfänglichen Stadien des Erkennens von Potenzial bis hin zur fortlaufenden Reise des Wachstums durch Ausbildung, Mentorenschaft und Coaching unterstreicht das Kapitel die untrennbare Verbindung zwischen Psychologie und Führung. Auf diese Weise erhalten die Leser ein tieferes Verständnis für die mentalen und emotionalen Landschaften, die effektive, einfühlsame und visionäre Führungskräfte formen.

Die potenzielle Führungskraft in uns selbst erkennen

Die Entdeckung der potenziellen Führungspersönlichkeit ist eine transformative Reise, die Selbstbeobachtung, Selbsterkenntnis und die Bereitschaft zum Wachstum erfordert. Bei der Führung geht es nicht nur darum, andere zu leiten, sondern auch darum, sich selbst zu leiten. Bevor wir andere effektiv führen, inspirieren oder beeinflussen können, müssen wir zunächst unsere eigene innere Welt verstehen und beherrschen. Diese Selbstführung legt den Grundstein für die Führung nach außen.

Einer der ersten Schritte zur Erkennung unseres Führungspotenzials ist die Anerkennung unserer einzigartigen Stärken. Jeder Mensch verfügt über eine Reihe von Fertigkeiten, Talenten und Fähigkeiten, die sich für Führungsaufgaben nutzen lassen. Durch die Reflexion vergangener Erfahrungen, bewältigter Herausforderungen und erzielter Erfolge kann man Einblicke in persönliche Stärken gewinnen. Diese Überlegungen offenbaren oft Muster der Belastbarkeit, Problemlösung, Innovation oder die Fähigkeit, andere zu inspirieren und zu mobilisieren.

Neben den Stärken ist es ebenso wichtig, dass wir uns mit unseren Schwachstellen und verbesserungswürdigen Bereichen auseinandersetzen. Dabei geht es nicht um Selbstkritik, sondern um die Förderung eines Wachstumsdenkens. Das Erkennen von Bereichen, in denen wir uns weiterentwickeln oder unsere Fähigkeiten verbessern können, ist entscheidend für die Entwicklung von Führungskräften. Potenzielle Führungskräfte sind nicht diejenigen, die fehlerlos sind, sondern diejenigen, die ständig lernen und wachsen.

Emotionale Intelligenz spielt auf dieser Reise der Selbstentdeckung eine zentrale Rolle. Es geht nicht nur darum, unsere Emotionen zu verstehen, sondern auch zu erkennen, wie sie unsere Entscheidungen, Interaktionen und unseren Führungsstil beeinflussen. Indem wir unser emotionales Selbstbewusstsein kultivieren, können wir die Komplexität zwischenmenschlicher Beziehungen - eine wichtige Facette der Führung - besser bewältigen.

Das Einholen von Feedback ist in diesem Sondierungsprozess von unschätzbarem Wert. Konstruktives Feedback, sei es von Kollegen, Mentoren oder Teammitgliedern, bietet eine externe Perspektive auf unseren Führungsstil, unseren Ansatz und unser Potenzial. Es bietet Einblicke in Bereiche, in denen wir herausragende Leistungen erbringen, und in Bereiche, die Aufmerksamkeit erfordern.

Ein grundlegender Aspekt bei der Identifizierung der potenziellen Führungspersönlichkeit ist die Vision. Potenzielle Führungskräfte haben oft eine Vision oder ein Ziel, das über ihre individuellen Ziele hinausgeht. Diese Vision beflügelt ihre Leidenschaft, treibt ihr Handeln an und findet bei anderen Anklang. Wenn wir darüber nachdenken, was uns wirklich wichtig ist, welche Veränderungen wir anstreben oder welches Vermächtnis wir hinterlassen wollen, können wir tiefe Einblicke in unser Führungspotenzial gewinnen.

Eine Vision ist eine wesentliche Eigenschaft potenzieller Führungskräfte. Sie ist mehr als nur eine flüchtige Idee oder ein momentanes Bestreben; sie ist ein tief verwurzelter Sinn für das Ziel, der jede Entscheidung, jede Handlung und jede Interaktion leitet. Eine solche Vision ist nicht durch die Zwänge der Gegenwart eingeschränkt, sondern erweitert die Vorstellungskraft, um Möglichkeiten, Chancen und das Potenzial für sinnvolle Veränderungen in der Zukunft zu sehen.

Wenn jemand eine klare Vision hat, wird sie zu einem Leuchtfeuer, das seinen Weg erhellt und ihm hilft, durch Ungewissheiten und Herausforderungen zu navigieren. Es ist diese Vision, die potenzielle Führungskräfte auszeichnet. Sie reagieren nicht nur auf Situationen oder lassen sich von vorherrschenden Trends treiben. Stattdessen sind sie proaktiv und legen einen Kurs fest, der auf ihren tief verwurzelten Überzeugungen und Werten basiert.

Eine Vision ist oft ansteckend. Wenn sie mit Überzeugung und Leidenschaft formuliert wird, hat sie die Kraft, die Menschen in ihrem Umfeld zu inspirieren und zu mobilisieren. Sie schafft ein gemeinsames Gefühl der Zielstrebigkeit, das die Führungskraft und ihr Team miteinander verbindet und das gemeinsame Unterfangen weitaus bedeutungsvoller macht. Es ist kein Wunder, dass die umwälzendsten Führungspersönlichkeiten der Geschichte, von Nelson Mandela bis Steve Jobs, selbst Visionäre waren. Ihre Visionen waren keine bloßen Träume, sondern überzeugende Erzählungen, die zum Handeln anregten und bedeutende Veränderungen herbeiführten.

Wenn man über seine persönliche Vision nachdenkt, muss man sich tiefgreifende Fragen über seine Zukunftswünsche stellen, über die Werte, die nicht verhandelbar sind, und über die Art des Einflusses, den man auf seine Gemeinschaft, sein Unternehmen oder sogar die Welt haben möchte. Eine solche Reflexion hilft dabei, die Gedanken zu kristallisieren und Klarheit über den vor uns liegenden Weg zu schaffen. Wenn potenzielle Führungskräfte ihre Vision schärfen, rüsten sie sich mit einem der wirksamsten Führungsinstrumente aus und schaffen so die Voraussetzungen für Einfluss, Wirkung und Veränderung.

Persönliches Leitbild

Die Entwicklung einer persönlichen Mission ist wie die Erstellung eines Kompasses für die eigene Lebensreise. Sie dient als Leitprinzip, hilft dabei, Handlungen an Werten auszurichten, und gibt eine einheitliche Richtung inmitten der sich ständig verändernden Landschaften des persönlichen und beruflichen Lebens vor.

Eine persönliche Mission geht über die täglichen Aufgaben und Ziele hinaus. Während sich Ziele und Vorgaben je nach den Umständen ändern können, bleibt eine persönliche Mission unerschütterlich und vermittelt ein Gefühl von Zweck und Stabilität. Sie befasst sich mit grundlegenden Fragen wie "Warum tue ich, was ich tue?" und "Welchem größeren Zweck diene ich mit meinem Handeln?" Durch die Beantwortung dieser Fragen gewinnt der Einzelne ein klareres Verständnis seiner Rolle im Gesamtgefüge des Lebens.

Der Prozess der Erarbeitung einer persönlichen Mission beginnt oft mit der Selbstbeobachtung. Dazu muss man sich tief in die eigenen Werte, Leidenschaften, Stärken und Wünsche hineinversetzen. Was sind die Aktivitäten, die in Ihnen einen Funken entzünden? Welche Errungenschaften haben Ihnen die größte Befriedigung verschafft? Welches sind die Werte, bei denen Sie sich weigern, Kompromisse einzugehen, egal in welcher Situation? Diese introspektiven Erkundungen legen den Grundstein für eine Mission, die wirklich ankommt.

Sobald die Grundlagen der Selbstbeobachtung gelegt sind, ist der nächste Schritt die Formulierung. Die Umsetzung dieser Erkenntnisse in eine prägnante Aussage kann eine Herausforderung sein, die sich jedoch als äußerst lohnend erweist. Ein gut formuliertes persönliches Leitbild sollte sowohl ein Ziel haben, das auf einen höheren Zweck hinweist, als auch umsetzbar sein, d. h. es sollte klare Richtlinien enthalten, an denen sich die täglichen Entscheidungen und Verhaltensweisen orientieren können.

Ein persönliches Leitbild ist nicht in Stein gemeißelt; es ist organisch und kann sich weiterentwickeln, wenn man wächst und mehr Lebenserfahrung sammelt. Wenn sich die Prioritäten verschieben und die Perspektiven sich erweitern, ist es von Vorteil, das Leitbild zu überprüfen und gegebenenfalls neu zu kalibrieren, um sicherzustellen, dass es mit dem sich entwickelnden Selbst im Einklang bleibt.

Die Entwicklung einer persönlichen Mission ist nicht nur eine Übung in Selbsterkenntnis, sondern eine Verpflichtung zu einem absichtsvollen Leben. Es geht darum, den eigenen Einfluss auf die Gestaltung des eigenen Schicksals zu erkennen, sicherzustellen, dass jeder Schritt, den man unternimmt, mit einem umfassenderen Ziel in Einklang steht, und konsequent danach zu streben, ein Leben mit Bedeutung und Wirkung zu führen.

Ausbildung und Schulung

Im Kern geht es bei der Aus- und Weiterbildung um die Förderung der psychologischen Grundlagen, die einer effektiven Führung zugrunde liegen. Um das Wesen der Führung wirklich zu begreifen, muss man sich mit dem komplizierten Zusammenspiel zwischen kognitiven Prozessen, emotionaler Intelligenz, Verhaltenstendenzen und gesellschaftlichen Einflüssen befassen.

Die Psychologie der Führung unterstreicht die Bedeutung der Selbsterkenntnis. Schulungsprogramme beginnen oft mit Übungen zur Selbstbeobachtung, die den Teilnehmern helfen sollen, ihre eigenen Stärken, Schwächen, Vorurteile und Motivationen zu erkennen. Indem sie sich selbst besser verstehen, sind angehende Führungskräfte besser in der Lage, sich in andere hineinzuversetzen, fundierte Entscheidungen zu treffen und ihren Führungsstil an verschiedene Situationen anzupassen.

Doch die Selbsterkenntnis ist nur die Spitze des Eisbergs. Die psychologische Landschaft der Führung erstreckt sich auch auf das Verständnis der anderen. Bildungsprogramme betonen die Bedeutung der sozialen Kognition und helfen Führungskräften zu verstehen, wie Einzelpersonen denken, fühlen und Entscheidungen in Gruppen treffen. Diese Erkenntnisse sind von unschätzbarem Wert, wenn es um Teamdynamik, Konfliktlösung und Motivation geht.

Die Rolle von Emotionen in der Führung kann nicht unterschätzt werden. Emotionale Intelligenz, ein Konzept, das der Psychologe Daniel Goleman populär gemacht hat, ist ein zentraler Bestandteil der modernen Führungsausbildung. Führungskräften wird beigebracht, ihre eigenen Emotionen zu erkennen, zu verstehen und zu steuern und gleichzeitig auf die Emotionen der Menschen in ihrem Umfeld einzugehen. Dies hilft nicht nur bei der Förderung positiver zwischenmenschlicher Beziehungen, sondern auch bei der Bewältigung des komplexen emotionalen Terrains des Organisationslebens.

Neben der intra- und interpersonellen Dynamik befasst sich die Führungsausbildung auch mit der Organisationspsychologie im weiteren Sinne. Sie umfasst das Verständnis von Organisationskulturen, Dynamik und den feinen Nuancen, die das Gruppenverhalten beeinflussen. Mit diesen Erkenntnissen sind Führungskräfte in der Lage, Veränderungen voranzutreiben, Innovationen zu fördern und kohäsive Teams aufzubauen, die eine gemeinsame Vision verfolgen.

Eine zeitgemäße Führungsausbildung erkennt auch die Bedeutung des kontinuierlichen Lernens an. Die sich rasch verändernde globale Landschaft, die von technologischen Fortschritten und einer sich wandelnden soziokulturellen Dynamik geprägt ist, macht es erforderlich, dass Führungskräfte lebenslang lernen. Diese Anpassungsfähigkeit, die auf der von der Psychologin Carol Dweck beschriebenen Wachstumsmentalität beruht, ist ein wichtiger Schwerpunkt der modernen Führungsausbildung.

Die Einbeziehung dieser psychologischen Elemente in die Schulung und Ausbildung von Führungskräften gewährleistet einen ganzheitlichen Entwicklungsansatz. Er geht über die Mechanik der Führung hinaus und dringt in die tieferen Bereiche der Beeinflussung, Inspiration und nachhaltigen Wirkung ein. Schließlich geht es bei echter Führung ebenso sehr um das Verständnis der menschlichen Psyche wie um Strategie und Ausführung.

Mentoring und Coaching

Mentorenschaft und Coaching sind unschätzbare Instrumente auf dem Weg zur Entwicklung von Führungskräften. Beide Ansätze dienen als Katalysatoren und helfen dem Einzelnen, die Kluft zwischen seinen derzeitigen Fähigkeiten und seinem Führungspotenzial zu überbrücken. Obwohl sie sich häufig überschneiden, haben Mentoring und Coaching unterschiedliche

Merkmale und Ziele, die tief in der Psychologie der Führung verwurzelt sind.

Mentoring ist im Wesentlichen eine oft langfristige Beziehung zwischen einem erfahrenen Experten (dem Mentor) und einer weniger erfahrenen Person (dem Mentee). Diese Beziehung basiert auf gegenseitigem Respekt, Vertrauen und dem gemeinsamen Ziel der persönlichen und beruflichen Weiterentwicklung. Der Mentor stellt dem Mentee seine Erfahrungen und Erkenntnisse zur Verfügung und gibt ihm Ratschläge und Ressourcen. Der Mentee bringt seinerseits neue Perspektiven, Fragen und Lerneifer ein. Diese symbiotische Beziehung ermöglicht nicht nur den Erwerb von Fähigkeiten, sondern auch ein tieferes Verständnis der eigenen Person und des beruflichen Umfelds.

Aus psychologischer Sicht ist die Mentorenschaft von zentraler Bedeutung für die Entwicklung der Selbstwirksamkeit und des Selbstvertrauens einer Person. Wenn Mentees die Herausforderungen ihrer Rolle meistern, gibt ihnen ein Mentor Rückhalt, Bestätigung und konstruktives Feedback. Durch solche Interaktionen werden nicht nur Kompetenzen aufgebaut, sondern auch der Glaube an die eigenen Fähigkeiten gestärkt. Darüber hinaus dienen Mentoren oft als Vorbilder und bieten greifbare Beispiele für gelebte Führung. Die Beobachtung von und der Umgang mit jemandem, der eine effektive Führung verkörpert, kann die eigene Führungsphilosophie und den eigenen Führungsstil tiefgreifend beeinflussen.

Wenn wir die psychologische Wirkung von Mentorenschaft näher untersuchen, stellen wir fest, dass sie eine wesentliche Rolle bei der Gestaltung der grundlegenden Überzeugungen spielt, die ein Individuum über seine Fähigkeiten hat und die gemeinhin als Selbstwirksamkeit bezeichnet werden. Albert Bandura, ein renommierter Psychologe, vertrat die Ansicht, dass die Selbstwirksamkeit von vier Hauptquellen beeinflusst wird:

Erfahrungen der Beherrschung, stellvertretende Erfahrungen, verbale Überredung und physiologische Reaktionen. Das Mentoring berührt jeden dieser Aspekte.

Meisterschaftserfahrungen sind die Momente, in denen eine Person eine Aufgabe erfolgreich bewältigt oder ein Hindernis überwindet. Wenn Mentees vor Herausforderungen stehen, werden sie von Mentoren angeleitet, die ihnen Strategien und Einsichten vermitteln. Wenn die Mentees diese Strategien anwenden und Erfolge erleben, wird ihr Glaube an ihre Fähigkeiten gestärkt. Dieser Kreislauf aus Herausforderung, Anleitung, Handeln und Erfolg führt allmählich zu einem starken Gefühl der Selbstwirksamkeit.

Die stellvertretende Erfahrung entsteht dadurch, dass wir sehen, wie andere, vor allem diejenigen, die wir für ähnlich halten wie wir, mit ihren Bemühungen und Fähigkeiten erfolgreich sind. Mentorinnen und Mentoren erzählen durch ihre eigenen Erfahrungen von ihren Herausforderungen, Misserfolgen und schließlich Erfolgen. Diese Erzählungen bieten den Mentees einen Fahrplan und zeigen ihnen, dass Erfolg erreichbar ist. Zu sehen, wie ein Mentor, den der Mentee respektiert und mit dem er sich identifiziert, Herausforderungen erfolgreich meistert, flößt dem Mentee den Glauben ein, dass auch er ähnliche Leistungen vollbringen kann.

Verbale Überzeugungsarbeit bedeutet, dass andere ihren Glauben an unsere Fähigkeiten zum Ausdruck bringen. Die Bestätigungen und Zusicherungen eines Mentors können sehr wirkungsvoll sein. Wenn ein Mentor, der über einen großen Erfahrungsschatz verfügt, seinen Glauben an das Potenzial des Mentees zum Ausdruck bringt, hat dies Gewicht. Diese Bestätigung von außen, vor allem wenn sie von einer angesehenen Person kommt, stärkt das Selbstvertrauen des Mentees.
Physiologische Reaktionen beziehen sich auf die emotionalen Zustände, die Menschen erleben, wenn sie sich

Herausforderungen stellen. Furcht, Stress oder Angst können die Selbstwirksamkeit untergraben. Die Anwesenheit eines Mentors wirkt jedoch wie eine stabilisierende Kraft. Die Gewissheit, dass es jemanden gibt, an den man sich wenden kann, jemanden, der vielleicht ähnliche Emotionen erlebt und überwunden hat, kann die Intensität dieser negativen Emotionen abschwächen.

Die Rolle eines Mentors geht über die eines Ratgebers hinaus; er dient oft als Spiegel, der dem Mentee sowohl seine Stärken als auch seine Wachstumsbereiche vor Augen führt. Ihr Feedback, das von Fürsorge und echtem Interesse an der Entwicklung des Mentees geprägt ist, hilft nicht nur bei der Entwicklung der Fähigkeiten, sondern auch des Charakters.

Die Rolle des Mentors als Vorbild ist entscheidend. Führungspersönlichkeiten entwickeln ihren Führungsstil oft aus einer Mischung aus ihren Werten, Erfahrungen und Vorbildern. Die Interaktion mit einem Mentor bietet eine Live-Demonstration von Führungsprinzipien in Aktion. Ob es um die Art und Weise geht, wie ein Mentor mit Konflikten umgeht, wie er kommuniziert oder Entscheidungen trifft - aus jeder Interaktion kann man etwas lernen. Durch Beobachtung und Verinnerlichung dieser Lektionen können Mentees ihre Führungsphilosophie verfeinern und sicherstellen, dass sie sowohl effektiv als auch authentisch ist.

Coaching hingegen ist stärker strukturiert und oft zeitlich begrenzt. Dabei arbeitet ein professioneller Coach mit einer Person zusammen und konzentriert sich auf bestimmte Ziele oder Herausforderungen. Im Gegensatz zum Mentoring, bei dem der Mentor oft aus seiner Erfahrung spricht, geht es beim Coaching eher darum, die Selbstentdeckung zu fördern. Coaches setzen Techniken wie Befragung, Reflexion und Feedback ein, um dem Einzelnen zu helfen, Klarheit zu gewinnen, Aktionspläne zu entwickeln und Hindernisse zu überwinden.

Coaching kann im Wesentlichen mit einer gemeinsamen Erkundung verglichen werden. Es taucht tief in die Bestrebungen, Fähigkeiten, Überzeugungen und Herausforderungen des Coachees ein. Die Hauptaufgabe des Coaches besteht nicht darin, Anweisungen oder Ratschläge zu erteilen, sondern diese Erkundung zu leiten und sicherzustellen, dass sie sowohl strukturiert als auch erhellend ist.

Ein grundlegender Unterschied zwischen Coaching und anderen Formen professioneller Beratung besteht darin, dass der Schwerpunkt auf der Gegenwart und der Zukunft und nicht auf der Vergangenheit liegt. Während in der Therapie oft vergangene Erfahrungen untersucht werden, um sie zu verstehen und zu heilen, ist das Coaching fest in der Gegenwart verwurzelt und nutzt sie als Ausgangspunkt für künftige Bestrebungen. Dieser zukunftsorientierte Ansatz passt perfekt zur Entwicklung von Führungskräften, da er sich auf die Verbesserung von Fähigkeiten, die Korrektur von Verhaltensweisen und die Festlegung von Wachstumskursen konzentriert.

Eines der Markenzeichen des Coachings ist sein Engagement für die Selbstentdeckung. Coaches glauben an das inhärente Potenzial und die Weisheit ihrer Coachees. Durch Fragen, die zum Nachdenken anregen, und tiefgreifende Reflexionen fordern die Coaches ihre Coachees auf, dieses Potenzial zu nutzen. Bei diesem Prozess geht es nicht nur darum, gesetzte Ziele zu erreichen, sondern auch darum, die Selbsterkenntnis zu fördern. Ein solches Bewusstsein ist für die Führung von zentraler Bedeutung, da es die Entscheidungsfindung, den Aufbau von Beziehungen und das persönliche Wachstum unterstützt.

Die psychologischen Grundlagen des Coaching unterstreichen die Bedeutung der Schaffung eines sicheren, nicht wertenden Raums. In einem solchen Umfeld fühlen sich die Coachees ermächtigt, sich authentisch auszudrücken, ihre Schwachstellen zu ergründen und sich mit ihren Grenzen auseinanderzusetzen. Diese psychologische Sicherheit, gepaart mit der unvoreingenommenen

Perspektive des Coaches, führt oft zu bahnbrechenden Erkenntnissen.

Eine weitere wesentliche Facette des Coachings ist die Verantwortlichkeit. Während ein Coach die Selbsterkenntnis fördert, sorgt er auch dafür, dass der Coachee sich an seine Aktionspläne hält. Dieses Gleichgewicht zwischen Erkundung und Umsetzung ist entscheidend. Durch die Festlegung klarer Meilensteine und die regelmäßige Überprüfung der Fortschritte stellen die Coaches sicher, dass die Coachees nicht nur Erkenntnisse gewinnen, sondern diese auch in konkrete Maßnahmen umsetzen. Diese Betonung von Aktion und Verantwortlichkeit beschleunigt oft das Wachstum und führt in relativ kurzer Zeit zu messbaren Ergebnissen.

Coaching verkörpert den Grundsatz der Anpassungsfähigkeit. Aufgrund seines strukturierten Charakters werden die Sitzungen oft auf spezifische Herausforderungen oder Ziele zugeschnitten. Ob es sich um eine Führungskraft handelt, die mit der Entscheidungsfindung, der Teamdynamik oder der persönlichen Produktivität zu kämpfen hat, Coaching-Sitzungen können so gestaltet werden, dass sie auf diese speziellen Bedürfnisse eingehen und Relevanz und Wirkung gewährleisten.

In einer Welt, in der sich Führungsaufgaben ständig weiterentwickeln und nicht nur Fachwissen, sondern auch emotionale Intelligenz, Anpassungsfähigkeit und Belastbarkeit erfordern, erweist sich Coaching als ein wirkungsvolles Instrument. Durch die Förderung des Selbstbewusstseins, die Ermutigung zu proaktivem Handeln und die Konzentration auf kontinuierliches Wachstum passt Coaching perfekt zu den Anforderungen moderner Führung und stellt sicher, dass die Führungskräfte nicht nur effektiv, sondern auch emotional und psychologisch gut eingestellt sind.

Aus psychologischer Sicht beruht Coaching auf der Prämisse, dass der Einzelne, wenn ihm das richtige Umfeld und die richtigen Instrumente zur Verfügung stehen, Lösungen und Einsichten in sich selbst finden kann. Es knüpft an die intrinsische Motivation an und fördert das Gefühl von Eigenverantwortung und Verantwortlichkeit. Darüber hinaus unterstreicht Coaching die Bedeutung von Selbsterkenntnis und Selbstbeobachtung. Indem der Einzelne unter Anleitung des Coaches seine Gedanken, Emotionen und Verhaltensweisen analysiert, gewinnt er tiefere Einsichten in seinen Führungsstil, seine Stärken und verbesserungswürdige Bereiche.

Coaching bietet einen sicheren Raum für Verletzlichkeit. Für Führungskräfte, insbesondere in einem Umfeld, in dem viel auf dem Spiel steht, kann es eine Herausforderung sein, Zweifel, Ängste oder vermeintliche Unzulänglichkeiten zu äußern. Ein Coach bietet ein urteilsfreies Umfeld, ermutigt zum offenen Dialog und fördert das Wachstum durch Selbstreflexion.

Mentoring und Coaching sind mehr als bloße Entwicklungsinstrumente. Sie sind eine Reise der Selbstentdeckung, des Aufbaus von Resilienz und des kontinuierlichen Lernens. Durch diese Prozesse schärft der Einzelne nicht nur seine Führungsqualitäten, sondern entwickelt sich auch psychologisch weiter, indem er sich selbst und die Welt um sich herum besser wahrnimmt. Da sich die Führungslandschaft weiter entwickelt, bleibt die Bedeutung von Mentoring und Coaching mit ihren tiefgreifenden psychologischen Grundlagen von größter Bedeutung.

Übung 7: Entwickeln Sie Ihr persönliches Mission Statement

Zielsetzung: Ihnen dabei helfen, über Ihre persönliche Lebensaufgabe nachzudenken und sie zu formulieren. Diese Übung soll Ihnen helfen, Ihre Grundwerte und Ziele zu verstehen und herauszufinden, wie Sie sich Ihre Rolle im größeren Kontext der Gesellschaft vorstellen.

Dauer: 45 Minuten

Benötigte Materialien:
- Notizbuch oder Papier
- Stifte oder Bleistifte
- Ein ruhiger Raum mit Sitzgelegenheiten, die zum persönlichen Nachdenken einladen

Anweisungen:

Aufwärmen (5 Minuten): Beginnen Sie mit einer Frage an sich selbst: "Wenn ich den Sinn meines Lebens in einem Satz beschreiben müsste, wie würde er lauten?" Notieren Sie die ersten Gedanken, die Ihnen in den Sinn kommen. Dies ist nur eine Aufwärmphase, also denken Sie nicht zu viel darüber nach.

Nachdenken (10 Minuten): Schließen Sie die Augen und atmen Sie tief ein. Denken Sie an Momente in Ihrem Leben zurück, in denen Sie sich am meisten erfüllt, stolz oder wirklich lebendig gefühlt haben. Was haben Sie getan? Mit wem waren Sie zusammen? Welchen Wert haben Sie hinzugefügt?

Auflistung der Grundwerte (10 Minuten): Schreiben Sie fünf Grundwerte auf, die Sie am meisten ansprechen. Diese Werte sollten widerspiegeln, wer Sie sind und was Ihnen am wichtigsten ist. Einige könnten zum Beispiel Werte wie Mitgefühl, Widerstandsfähigkeit, Authentizität oder Integrität wählen.

Entwerfen Sie Ihr Leitbild (15 Minuten): Beginnen Sie auf der Grundlage Ihrer Überlegungen und Grundwerte mit der Formulierung eines persönlichen Leitbilds. Dieses Statement sollte auf den Punkt bringen, wofür Sie stehen, was Sie im Leben erreichen wollen und wie Sie etwas bewirken wollen. Denken Sie daran, dass dies nur ein Entwurf ist. Ihr Leitbild kann sich im Laufe der Zeit weiterentwickeln, und das ist auch in Ordnung. Das Ziel ist es, einen Ausgangspunkt zu haben, der Klarheit und Orientierung bietet.

Austausch (optional, 5 Minuten): Wenn Sie sich wohl fühlen, teilen Sie Ihr Leitbild mit einem Partner oder einer kleinen Gruppe. Wenn Sie anderen zuhören, können Sie Einblicke und Inspiration für Ihre eigene Mission gewinnen.

Nachbesprechung: Führen Sie am Ende der Übung eine kurze Diskussion über die Erfahrung. Habt ihr etwas Neues über euch selbst entdeckt? War es eine Herausforderung, ein Leitbild zu formulieren? Haben die Leitbilder der anderen Sie inspiriert oder beeindruckt?

Kapitel 8: Ethik und die Psychologie der Führung

Es gibt eine entscheidende Dimension, die oft zum Grundstein wirklich einflussreicher und beständiger Führungskräfte wird: Ethik. Ethische Führung ist nicht nur ein hehres Ideal, sondern ein greifbares, umsetzbares Paradigma, das die Psychologie des Führens und Geführtwerdens zutiefst berührt. Wie navigieren Führungskräfte in einer Zeit, in der das Streben nach Macht, Gewinn und Bekanntheit manchmal Integrität und Authentizität überschattet, durch die trüben Gewässer ethischer Dilemmata? Wie fördern sie eine Kultur, die ethische Überlegungen in den Vordergrund von Entscheidungen stellt? Und wie beeinflussen diese in der Moral verwurzelten Führungskräfte das gesamte Ökosystem der Organisation?

In diesem Kapitel wird versucht, die Psyche ethischer Führung zu ergründen. Ausgehend von den Herausforderungen, denen sich Führungskräfte in den sich ständig verändernden Landschaften von Unternehmen, Politik und Gesellschaft gegenübersehen, untersuchen wir die Feinheiten dessen, was es bedeutet, ethisch zu führen. Ethische Fragen sind selten schwarz-weiß, sie existieren in den Grauzonen und erfordern ein nuanciertes Verständnis, Reflexion und oft auch den Mut, den weniger ausgetretenen Pfad zu beschreiten.

Es reicht jedoch nicht aus, diese Herausforderungen einfach nur zu erkennen. Führungskräfte spielen eine wichtige Rolle bei der Gestaltung des Ethos ihrer Organisationen. Daher ist es von entscheidender Bedeutung zu verstehen, wie man eine ethische Kultur aufbaut und pflegt. Dabei geht es nicht nur um persönliche Moral, sondern um die Schaffung eines Umfelds, in dem alle Beteiligten, vom jüngsten Mitarbeiter bis zur obersten Führungskraft, diese Werte verinnerlichen und vorleben.

Das Herzstück der ethischen Führung ist der komplizierte Prozess der moralischen Entscheidungsfindung. Wie treffen

Führungskräfte in Dilemmasituationen Entscheidungen, die mit ihrem ethischen Kompass übereinstimmen? Wie überschneidet sich die Psychologie der Moral mit Führungsstrategien und -verhaltensweisen?

Unser Ziel ist es, nicht nur Konzepte zu erläutern, sondern auch Instrumente, Einsichten und Überlegungen bereitzustellen, die aufstrebenden und etablierten Führungskräften dabei helfen, die Sache der Ethik auf ihrem Führungsweg zu fördern. Denn, um es mit den Worten Albert Schweitzers zu sagen: "Das Beispiel ist nicht die Hauptsache, um andere zu beeinflussen; es ist die einzige Sache.

Ethische und moralische Herausforderungen in der Führungsarbeit

In der komplexen Welt der Führung sind ethische Herausforderungen keine Seltenheit - sie sind tägliche Prüfungen für den moralischen Kompass und die Integrität einer Führungskraft. Angesichts der Globalisierung, des rasanten technologischen Fortschritts und der sich wandelnden gesellschaftlichen Erwartungen finden sich Führungskräfte heute in einem Schmelztiegel von Dilemmata wieder, die nicht nur strategischen Scharfsinn, sondern auch eine tiefe ethische Selbstprüfung erfordern.

Eine der größten Herausforderungen für viele Führungskräfte besteht darin, die Verfolgung der Unternehmensziele mit ethischen Überlegungen in Einklang zu bringen. Ganz gleich, ob es darum geht, Quartalsziele zu erreichen, Stakeholder zu beschwichtigen oder einen Wettbewerbsvorteil zu erlangen - Führungskräfte stehen oft unter großem Druck. Diesem Druck nachzugeben, könnte einige dazu verleiten, ethische Normen zu umgehen und solche Handlungen als notwendig für das "größere Wohl" der Organisation zu rechtfertigen. In Wirklichkeit aber können solche Abkürzungen die langfristige Gesundheit eines

Unternehmens untergraben, sowohl im Hinblick auf den Ruf als auch auf den nachhaltigen Erfolg.

Ein weiteres Problem, mit dem Führungskräfte häufig konfrontiert sind, ist der Umgang mit Interessenkonflikten. Eine Entscheidung, die einer Gruppe zugute kommt, kann sich nachteilig auf eine andere auswirken. So kann beispielsweise eine Unternehmensentscheidung zum Personalabbau zwar die Effizienz steigern, aber auf Kosten des Wohlbefindens und der Moral der Mitarbeiter gehen. Führungskräfte müssen diese Folgen abwägen und sicherstellen, dass Entscheidungen, auch wenn sie schwierig sind, transparent und ethisch vertretbar getroffen werden.

Die kulturelle Vielfalt in globalisierten Arbeitsumgebungen stellt eine weitere ethische Dimension dar. Führungskräfte müssen sich kultureller Nuancen und moralischer Rahmenbedingungen, die sich von ihren eigenen unterscheiden können, bewusst sein und darauf reagieren. Was in einer Kultur als akzeptable Führungspraxis gilt, kann in einer anderen als unethisch angesehen werden. Dies erfordert von den Führungskräften kulturelle Kompetenz und Anpassungsfähigkeit, wobei stets ein universeller Standard für ethisches Verhalten anzustreben ist.

Transparenz und Ehrlichkeit stellen auch im Bereich der ethischen Führung eine Herausforderung dar. Im Zeitalter der Informationsüberflutung müssen Führungskräfte mit Bedacht kommunizieren und sicherstellen, dass Transparenz nicht zu einem Übermaß an Informationen führt und Diskretion nicht zu Täuschung wird.

Es steht viel auf dem Spiel, aber die Belohnungen für ethische Führung sind vielfältig. Ethische Führungspersönlichkeiten bewahren ihre Organisationen nicht nur vor potenziellen Fallstricken, sondern wecken auch das Vertrauen, die Loyalität und den Respekt ihrer Gefolgschaft. Indem sie diese

Herausforderungen meistern, formen sie das Ethos ihrer Organisationen und legen den Grundstein für ein Vermächtnis, das auf Integrität und Ehre beruht.

Wenn wir in den Kernbereich der Führungsethik eintauchen, stoßen wir auf die komplizierte Arena der moralischen Entscheidungsfindung. Es ist ein Bereich, in dem Führungskräfte mit vielschichtigen Situationen konfrontiert werden, die mehr als nur Geschäftssinn oder technisches Know-how erfordern. Diese Situationen erfordern eine Synthese aus Werten, Prinzipien und dem Engagement, das Richtige zu tun - auch wenn es nicht der einfachste Weg ist.

Jeden Tag werden Führungskräfte mit Entscheidungen bombardiert. Einige sind einfach, während andere mit moralischen Implikationen behaftet sind, die nachhaltige Auswirkungen auf Einzelpersonen, Teams und ganze Organisationen haben können. Entscheidungen in Bezug auf Entlassungen, Geschäftspartnerschaften, Produktrückrufe oder sogar Initiativen zur sozialen Verantwortung von Unternehmen haben alle ein ethisches Gewicht. Die richtige Wahl zu treffen bedeutet in solchen Szenarien oft, tief in den eigenen moralischen Kompass einzutauchen, den potenziellen Schaden und Nutzen jeder Option abzuwägen und - was vielleicht am wichtigsten ist - bereit zu sein, die Konsequenzen dieser Entscheidung zu tragen.

Der Prozess der moralischen Entscheidungsfindung beginnt oft mit der Erkenntnis, dass eine bestimmte Entscheidung von ethischer Bedeutung ist. Auf diese Erkenntnis folgt das Sammeln aller relevanten Informationen, die Vorhersage möglicher Ergebnisse und die Konsultation von vertrauenswürdigen Beratern oder Mentoren. Was moralische Entscheidungen jedoch auszeichnet, ist der nächste Schritt: die Selbstbeobachtung. Führungskräfte müssen sich auf ihre Werte besinnen, die weiteren Auswirkungen der Entscheidung auf alle Beteiligten bedenken und sich die langfristigen Folgen vor Augen führen.

Psychologisch gesehen kann der Akt, moralische Entscheidungen zu treffen, anstrengend sein. Er ruft kognitive Dissonanz hervor - einen Zustand, in dem man sich mit widersprüchlichen Einstellungen, Überzeugungen oder Verhaltensweisen auseinandersetzen muss. Führungskräfte können sich hin- und hergerissen fühlen zwischen ihren persönlichen Überzeugungen und dem Druck von außen oder zwischen kurzfristigen Gewinnen und langfristigen Werten. Diese Dissonanz zu bewältigen und zu einer Entscheidung zu gelangen, die mit den eigenen ethischen Grundsätzen übereinstimmt, ist das Markenzeichen echter Führung.

Die heutige Landschaft der Sofortnachrichten und sozialen Medien fügt dem Entscheidungsprozess eine weitere Ebene hinzu. Führungspersönlichkeiten stehen heute unter ständiger Beobachtung, ihre Entscheidungen, Handlungen und sogar ihr Nichthandeln werden öffentlich seziert und debattiert. Diese Transparenz verstärkt die Bedeutung von moralischer Entschlossenheit und Konsequenz in der Führung.

Moralische Entscheidungen zu treffen, ist für Führungskräfte ein ständiger Prozess, der Mut, Reflexion und ein unerschütterliches Engagement für ethische Integrität erfordert. Es geht darum, die Schwere der Rolle, die eine Führungskraft spielt, anzuerkennen und zu verstehen, dass ihre Entscheidungen weit über die Wände des Sitzungssaals hinaus ausstrahlen, die Kultur prägen, die Wahrnehmung beeinflussen und letztlich das Vermächtnis bestimmen, das sie hinterlassen.

Aufbau ethischer Kulturen

Die Etablierung einer ethischen Kultur in Organisationen geht über die bloße Einhaltung von Gesetzen und Vorschriften hinaus. Es geht darum, ein Umfeld zu fördern, in dem die Grundsätze der Fairness, Integrität und Transparenz in jede Entscheidung und jede Handlung eingebettet sind. Diese Kultur beeinflusst nicht nur die

Makroentscheidungen des Unternehmens, wie z. B. die strategische Ausrichtung, sondern auch die Mikroentscheidungen, die jeder Mitarbeiter täglich trifft. Eine ethische Kultur dient als moralischer Kompass des Unternehmens, der das Verhalten auch in Situationen lenkt, in denen der Weg unklar erscheinen mag.

Die Bedeutung einer solchen Kultur kann gar nicht hoch genug eingeschätzt werden. Ethische Unternehmen gelten nicht nur in den Augen ihrer Stakeholder als vertrauenswürdig, sondern sie schneiden auch oft besser ab als ihre Konkurrenten. Dies ist auf eine Reihe von Faktoren zurückzuführen: Mitarbeiter sind stolz darauf, mit solchen Unternehmen in Verbindung gebracht zu werden, was zu höherem Engagement und geringerer Fluktuation führt; Kunden und Partner ziehen es vor, mit Unternehmen zusammenzuarbeiten, die hohe ethische Standards einhalten, und sichern sich so nachhaltige Einnahmen und Möglichkeiten der Zusammenarbeit; und in Krisenzeiten erhalten diese Unternehmen aufgrund ihrer Erfolgsbilanz bei ethischem Verhalten mehr Unterstützung und Verständnis von der Öffentlichkeit und den Interessengruppen.

Führungskräfte spielen eine zentrale Rolle bei der Gestaltung und Förderung dieser ethischen Kultur. Ihre Handlungen geben mehr als ihre Worte den Ton für die gesamte Organisation an. Wenn Führungskräfte der Ethik Priorität einräumen, senden sie die klare Botschaft, dass ethisches Verhalten nicht nur gefördert, sondern erwartet wird. Indem sie mit Integrität, Transparenz und Fairness führen, fördern sie nicht nur das Vertrauen in ihre Teams, sondern inspirieren auch andere dazu, dieselben Werte aufrechtzuerhalten. Darüber hinaus sind Führungskräfte dafür verantwortlich, dass die Strukturen, Prozesse und Anreize des Unternehmens ethische Entscheidungen unterstützen. Dazu kann es gehören, klare ethische Richtlinien aufzustellen, in Schulungen zu investieren oder Systeme für die anonyme Meldung von unethischem Verhalten einzurichten.

Die Förderung einer ethischen Kultur ist keine einmalige Aufgabe. Sie erfordert ständige Bemühungen, Wachsamkeit und Anpassungsfähigkeit. Da sich Unternehmen weiterentwickeln und sich neuen Herausforderungen stellen, muss sich auch ihr Ansatz in Bezug auf Ethik anpassen. Führungskräfte müssen an der Spitze dieser Entwicklung stehen, indem sie die ethische Kultur ihres Unternehmens kontinuierlich bewerten und verstärken und sicherstellen, dass sie mit der sich ständig verändernden globalen Landschaft in Einklang steht.

Eine ethische Kultur besteht, ähnlich wie ein gedeihliches Ökosystem, aus verschiedenen Komponenten, die zusammenwirken, sich gegenseitig verstärken und aufrechterhalten. Ohne eine Komponente könnte das ganze System ins Wanken geraten. Wenn wir über die Schaffung und Pflege einer ethischen Kultur in einer Organisation sprechen, ist es entscheidend, diese grundlegenden Komponenten und ihr Zusammenspiel zu verstehen.

Klare ethische Standards und Leitlinien bilden das Fundament einer ethischen Kultur. Ohne klar definierte Standards könnten sich die Mitarbeiter in komplexen Situationen unsicher fühlen, was die richtige Vorgehensweise ist. Diese Standards müssen umfassend sein und nicht nur die Einhaltung von Gesetzen, sondern auch moralische Grundsätze wie Ehrlichkeit, Integrität und Respekt abdecken. Diese Leitlinien sind mehr als nur eine Auflistung von Geboten und Verboten, sie sollten die Mitarbeiter dazu anspornen, nach höheren Standards zu streben. Sie sollten wie ein Leuchtfeuer wirken und den Einzelnen durch die trüben Gewässer ethischer Dilemmas führen.

Offene Kommunikationskanäle spielen eine wichtige Rolle dabei, diese Standards mit Leben zu erfüllen. Die Mitarbeiter sollten sich unabhängig von ihrer Position in der Unternehmenshierarchie wohl fühlen, wenn sie ethische Bedenken ansprechen, ohne Angst vor Repressalien zu haben. Führungskräfte und Manager sollten aktiv ein Umfeld fördern, in dem solche Gespräche ermutigt werden, sei es über formelle Kanäle wie Town Hall Meetings oder informellere Plattformen wie Teambesprechungen. Ein solcher offener Dialog hilft nicht nur dabei, unmittelbare Bedenken auszuräumen, sondern vermittelt auch ein Gefühl der kollektiven Verantwortung für die ethische Haltung des Unternehmens.

Selbst bei klaren Standards und offener Kommunikation kann die Bewältigung ethischer Herausforderungen entmutigend sein. An dieser Stelle kommen Schulungen und Ressourcen für ethische Entscheidungsfindung ins Spiel. Durch die Investition in regelmäßige Schulungen, Workshops und Seminare können Unternehmen ihren Mitarbeitern die Instrumente und Rahmenbedingungen an die Hand geben, die sie benötigen, um ethische Dilemmata zu bewältigen. Diese Schulungen können durch Ressourcen wie Fallstudien, Artikel oder sogar spezielle Helplines ergänzt werden, bei denen sich die Mitarbeiter Rat holen können. Zusammen bilden diese Ressourcen ein Unterstützungssystem, das sicherstellt, dass die Mitarbeiter bei der Bewältigung ethischer Herausforderungen nicht auf sich allein gestellt sind.

Durch das Zusammenfügen dieser Komponenten schafft eine Organisation einen robusten Wandteppich aus ethischer Kultur. Es ist eine Kultur, in der moralische Grundsätze nicht nur auf dem Papier stehen, sondern von jedem Mitglied täglich gelebt werden. Und auch wenn die Organisation wächst und sich weiterentwickelt, sorgt dieses ethische Fundament dafür, dass sie in ihren Grundwerten verwurzelt bleibt und stets nach dem Allgemeinwohl strebt.

Bei der Führung geht es nicht nur darum, eine Richtung vorzugeben und ein Team zu einer gemeinsamen Vision zu führen, sondern auch darum, den moralischen Kompass einer Organisation zu definieren und aufrechtzuerhalten. Die Rolle der Führungskräfte bei der Kultivierung und Stärkung einer ethischen

Kultur ist sowohl tiefgreifend als auch vielschichtig. Ihre Handlungen und Entscheidungen geben den Ton für das Unternehmen an und wirken sich auf alle Ebenen der Belegschaft aus.

An der Spitze der ethischen Führung steht der Grundsatz, mit gutem Beispiel voranzugehen. Das uralte Sprichwort "mit gutem Beispiel vorangehen" ist hier zutiefst zutreffend. Führungskräfte können Ethik nicht nur predigen, sie müssen sie in ihren Handlungen, Entscheidungen und Interaktionen vorleben. Wenn Mitarbeiter sehen, dass ihre Führungskräfte schwierige Entscheidungen treffen, die mit den ethischen Werten übereinstimmen, auch wenn es nicht der profitabelste oder einfachste Weg ist, gewinnen sie Vertrauen in das Engagement der Organisation für ihre Prinzipien. Diese Verkörperung von Werten ist ein starkes Zeugnis, das weitaus wirkungsvoller ist als jeder schriftliche Verhaltenskodex.

Die Schaffung einer ethischen Kultur geht über die bloße Vorbildfunktion hinaus; sie erfordert auch die Förderung eines Umfelds, das ethischen Diskussionen und Überlegungen förderlich ist. Führungskräfte sollten ihre Teammitglieder aktiv dazu ermutigen, ihre Bedenken zu äußern, Dilemmata mitzuteilen und um Rat zu fragen, wenn sie mit ethischen Fragen konfrontiert sind. Dies kann durch regelmäßige Teamsitzungen erreicht werden, die sich auf ethische Fallstudien konzentrieren, oder durch offene Foren, in denen Mitarbeiter reale Szenarien, denen sie begegnet sind, austauschen und diskutieren können, oder sogar dadurch, dass Führungskräfte ihre eigenen Erfahrungen und ethischen Herausforderungen, denen sie begegnet sind, mitteilen. Diese Diskussionen schaffen nicht nur Klarheit, sondern tragen auch zum Aufbau eines kollektiven ethischen Bewusstseins bei.

Die Anerkennung und Belohnung ethischen Verhaltens ist eine weitere wichtige Aufgabe der Führungskräfte. Genauso wie Erfolge und Leistungen gefeiert werden, sollten Fälle, in denen

Mitarbeiter ein außergewöhnliches ethisches Urteilsvermögen bewiesen haben, anerkannt und gewürdigt werden. Ganz gleich, ob es sich um einen Mitarbeiter handelt, der auf einen potenziellen Interessenkonflikt hingewiesen hat, oder um ein Team, das der Qualität den Vorrang vor der Einhaltung eines Termins gegeben hat - diese Handlungen müssen hervorgehoben werden. Wenn Führungskräfte ethisches Verhalten belohnen, senden sie eine klare Botschaft darüber aus, was im Unternehmen wirklich geschätzt wird. Dadurch wird der Schwerpunkt von kurzfristigen Gewinnen auf langfristigen, nachhaltigen Erfolg auf der Grundlage von Integrität verlagert.

Führungskräfte sind die Fackelträger des ethischen Ethos einer Organisation. Durch ihr Handeln, ihre Kommunikation und ihre Verstärkungsmechanismen können sie eine Kultur der Integrität entweder fördern oder untergraben. In dem komplizierten Tanz der Organisationsdynamik bestimmen ihre Schritte mehr als alle anderen den Rhythmus und die Richtung der ethischen Reise der Organisation.

In einer sich rasch wandelnden Welt ist es für Unternehmen unerlässlich, ihre ethische Kultur aktiv zu pflegen und zu fördern, um sicherzustellen, dass sie relevant und robust bleibt. Einmalige Schulungen oder die bloße Aufnahme von ethischen Aspekten in das Unternehmenshandbuch reichen nicht aus. Ein proaktiver und vielseitiger Ansatz ist erforderlich, um den ethischen Herzschlag einer Organisation stark und stabil zu halten.

Eine wichtige Strategie ist die Durchführung regelmäßiger Ethik-Audits und Überprüfungen. So wie Finanzaudits die monetäre Gesundheit eines Unternehmens bewerten, gehen Ethikaudits tief in das moralische Gefüge des Unternehmens hinein. Durch die Bewertung von Richtlinien, Praktiken und Wahrnehmungen der Mitarbeiter zeigen diese Audits potenzielle Schwachstellen und verbesserungswürdige Bereiche auf. Sie dienen als Spiegel, der den wahren Zustand der ethischen Gesundheit des Unternehmens widerspiegelt und verwertbare Erkenntnisse liefert.

Unternehmen sollten sich aktiv für die Gemeinschaft und die soziale Verantwortung der Unternehmen (CSR) einsetzen. Ethische Grundsätze beschränken sich nicht nur auf unternehmensinterne Praktiken, sondern erstrecken sich auch auf die Art und Weise, wie ein Unternehmen mit der Welt im Allgemeinen interagiert. Durch die Investition von Zeit, Ressourcen und Fachwissen in gemeinnützige Initiativen können Unternehmen nicht nur einen positiven Einfluss auf die Gesellschaft ausüben, sondern auch ihr Engagement für ethische Werte bekräftigen. CSR-Projekte kommen sowohl bei den Mitarbeitern als auch bei den Verbrauchern gut an und zeigen, dass sich das Unternehmen für mehr als nur den Profit einsetzt.

Die Förderung von Vielfalt und Inklusivität ist von größter Bedeutung. Ethische Dilemmas existieren oft in Grauzonen, in denen richtig und falsch nicht klar voneinander abgegrenzt sind. Eine vielfältige Belegschaft sorgt dafür, dass diese Herausforderungen mit unterschiedlichen Perspektiven, Hintergründen und Denkprozessen angegangen werden. Inklusivität fördert das Gefühl der Zugehörigkeit und sorgt dafür, dass alle Stimmen gehört werden, auch wenn sie eine andere Meinung vertreten. Durch die Förderung einer Kultur, in der unterschiedliche Standpunkte gewürdigt und berücksichtigt werden, bereichern Organisationen ihren ethischen Diskurs und treffen fundiertere und ganzheitlichere Entscheidungen.

Der Aufbau und die Aufrechterhaltung einer ethischen Kultur ist ein ständiger Prozess, der kontinuierliche Anstrengungen, Selbstbeobachtung und Anpassungsfähigkeit erfordert. Mit den richtigen Strategien können sich Organisationen jedoch in der komplexen ethischen Landschaft zurechtfinden und sicherstellen, dass sie in der Geschäftswelt ein Leuchtturm der Integrität bleiben.

Übung 8: Navigieren durch ethische Dilemmata - ein Rollenspiel

Zielsetzung: Diese Übung zielt darauf ab, Sie in die Komplexität der Ethik am Arbeitsplatz einzuführen. Durch Rollenspiele erfahren Sie aus erster Hand die Herausforderungen, die sich bei der Bewältigung ethischer Dilemmata ergeben, und verstehen, wie wichtig die Förderung einer ethischen Kultur in Unternehmen ist.

Benötigte Materialien:
- Ethisches Dilemma - Fallstudie - Handouts
- Rollenkarten, die den Standpunkt und die Perspektive deines Charakters beschreiben
- Whiteboard und Stifte zum Notieren der wichtigsten Punkte
- Feedback-Bögen für die Reflexion nach der Aktivität

Einleitung: Zunächst sollten wir uns vor Augen führen, warum Ethik so wichtig ist. Ethische Entscheidungen am Arbeitsplatz sind nicht immer schwarz oder weiß. Manchmal sind sie zweideutig und erfordern eine sorgfältige Abwägung.

Gruppeneinteilung: Sie werden nun in kleine Gruppen eingeteilt. Jede Gruppe erhält eine eigene Fallstudie zu einem ethischen Dilemma. Innerhalb Ihrer Gruppe wird jedem von Ihnen eine bestimmte Rolle in Bezug auf den Fall zugewiesen (z. B. ein Manager, ein Mitarbeiter oder ein Vertreter der Personalabteilung).

Erörterung: Diskutieren Sie 20 Minuten lang mit Ihrer Gruppe über das ethische Dilemma. Versetzen Sie sich in die Lage der Ihnen zugewiesenen Rolle. Denken Sie über ihre Beweggründe, Ängste und Ziele nach. Wie würden sie die Situation sehen? Entscheiden Sie gemeinsam, wie Sie das Szenario darstellen wollen.

Aufführung: Sobald ihr eure Vorgehensweise festgelegt habt, präsentiert jede Gruppe ihr Rollenspiel vor der Klasse und stellt sowohl den Konflikt als auch seine Lösung vor.

Diskussion: Nach dem Anschauen einer Präsentation sollten wir eine konstruktive Diskussion führen. Tauschen Sie sich über Ihre Beobachtungen zum Rollenspiel aus, diskutieren Sie, was Ihnen aufgefallen ist, und überlegen Sie sich alternative Ansätze für die vorgestellte Lösung.

Reflexion: Reflektieren Sie nun, was Sie gelernt haben. Beantworten Sie auf Ihrem Feedbackbogen Fragen wie:

- Welches Szenario erschien Ihnen am schwierigsten, und warum?
- Wie haben Sie sich dabei gefühlt, eine Figur zu verkörpern, die vor einer ethischen Herausforderung steht?
- Welche Strategien oder Argumente schienen in diesen ethischen Diskussionen am überzeugendsten?

Nachbesprechung: Zum Abschluss kommen wir zusammen und diskutieren gemeinsame Themen, Strategien oder Erkenntnisse, die sich während der Rollenspiele ergeben haben. Wir werden den Wert eines offenen Dialogs, von Empathie und kritischem Denken bei der Bewältigung ethischer Herausforderungen am Arbeitsplatz betonen.

Ein Hinweis zur Erinnerung: Die ethischen Dilemmas in Ihren Handouts umfassen verschiedene Herausforderungen, mit denen Sie in der Geschäftswelt konfrontiert werden könnten, von Interessenkonflikten bis hin zu Fragen der Vertraulichkeit. Beschäftigen Sie sich eingehend mit ihnen, denn das Verständnis dieser Herausforderungen wird für Ihre künftige berufliche Laufbahn von unschätzbarem Wert sein.

Ethisches Dilemma Fallstudie Handouts

Fallstudie 1: Vertraulichkeit vs. Sicherheit

Sie sind Manager in einem Pharmaunternehmen. Ein vertrauenswürdiger Mitarbeiter vertraut Ihnen an, dass er versehentlich die Ergebnisse einer Medikamentenstudie verfälscht hat, dies aber behoben hat, ohne höhere Stellen zu informieren. Eine Meldung würde die Freigabe des Medikaments um ein Jahr verzögern und könnte das Unternehmen Millionen kosten. Was tun Sie nun?

Die Rollen:
Manager
Vertrauenswürdiger Mitarbeiter
Kollege, der das Gespräch mitgehört hat

Fallstudie 2: Profit vs. Umweltverantwortung
Sie arbeiten in einem Produktionsunternehmen. Sie entdecken eine Möglichkeit, die Produktionskosten um 30 % zu senken, aber dazu müssen Sie unbehandelte Abfälle in die nahe gelegenen Flüsse leiten. Der Abfall ist nicht illegal, könnte aber das Ökosystem schädigen.

Die Rollen:
CEO
Umweltberater
Mitglied der lokalen Gemeinschaft

Fallstudie 3: Persönlicher Gewinn vs. organisatorische Integrität
Ein Verkäufer bietet Ihnen Eintrittskarten für eine exklusive Veranstaltung an, wenn Sie sich für seine Dienste entscheiden, obwohl der Konkurrent ein etwas besseres Angebot für das Unternehmen hat. Die Annahme von Geschenken von Verkäufern verstößt gegen die Unternehmensrichtlinien.

Die Rollen:
Mitarbeiter, dem die Tickets angeboten werden

Anbieter
Kollege kennt das Angebot

Fallstudie 4: Loyalität vs. Ehrlichkeit
Ein enger Kollege, der auch außerhalb der Arbeit ein guter Freund ist, nimmt Büromaterial für den persönlichen Gebrauch mit. Sie bemerken dies, zögern aber aufgrund Ihrer persönlichen Beziehung, es zu melden. Der Diebstahl von Büromaterial ist ein zunehmendes Problem, und das Unternehmen geht hart dagegen vor.

Die Rollen:
Mitarbeiter, der den Diebstahl bemerkt
Kollege stiehlt Vorräte
HR-Vertreter
Fallstudie 5: Gleichberechtigung am Arbeitsplatz vs. Kundenpräferenzen
Ein wichtiger Kunde bevorzugt die Zusammenarbeit mit männlichen Mitarbeitern und hat subtil angedeutet, dass er sein Geschäft woanders abwickeln würde, wenn er mit weiblichen Kundenbetreuern zu tun hätte. Ihr Chef erwägt, diesem Kunden nur männliche Mitarbeiter zuzuweisen.

Die Rollen:
Chef
Kundenbetreuerin
Männlicher Kundenbetreuer

Fallstudie 6: Produktqualität vs. Fristen
Ihr Team hat einen engen Zeitplan für die Auslieferung eines Softwareprodukts. Bei der abschließenden Überprüfung bemerken Sie einen Fehler. Die Behebung des Fehlers würde bedeuten, dass die Frist nicht eingehalten werden kann. Die rechtzeitige Auslieferung könnte zu unzufriedenen Kunden führen.

Die Rollen:

Teamleitung
Software-Entwickler, der den Fehler gefunden hat
Marketingleiter

Kapitel 9: Führung in verschiedenen Kontexten

Führung ist kein monolithisches Konzept, das auf ein bestimmtes Umfeld beschränkt ist, sondern vielmehr ein facettenreiches Gewebe, das sich durch verschiedene Bereiche und Einflusssphären zieht. Ob wir nun die Hartnäckigkeit der persönlichen Führung, die Dynamik in kollaborativen Teams, die umfassende Vision, die für die Führung von Organisationen erforderlich ist, oder den nuancierten Tanz von Politik und sozialen Bewegungen untersuchen, Führung nimmt verschiedene Schattierungen und Intensitäten an. Dieses Kapitel taucht tief in diese Kontexte ein und zeigt sowohl die gemeinsamen Prinzipien als auch die unterschiedlichen Feinheiten der Führung in diesen Kontexten auf.

Der Bereich der persönlichen Führung erforscht die innere Reise eines Menschen, die Selbsterkenntnis, die Selbstregulierung und die Abstimmung der eigenen Werte mit dem eigenen Handeln. Es geht darum, sich selbst als Führungskraft zu verstehen und das angeborene Potenzial zu erkennen, das in einem steckt und darauf wartet, effektiv kanalisiert zu werden.

Wenn wir zur Teamführung übergehen, erweitert sich das Spektrum. Es geht nicht mehr nur um individuelle Fähigkeiten, sondern um die Förderung eines kohäsiven Umfelds, in dem unterschiedliche Mitglieder zusammenkommen und ihre Stärken und Talente kombinieren. Hier navigieren die Führungskräfte nicht nur durch die Gewässer der Zusammenarbeit und des Konflikts, sondern orchestrieren auch die Symphonie der kollektiven Leistung.

Organisatorische Führung erweitert den Horizont noch weiter und erfordert eine strategische Sichtweise und die Fähigkeit, Veränderungen, Kultur und Wachstum in großem Maßstab zu steuern. Es geht darum, eine Vision für ein ganzes Unternehmen zu entwerfen und dafür zu sorgen, dass sich jedes Rädchen im Getriebe synchron in Richtung der angestrebten Zukunft bewegt.

In der Politik müssen sich Führungskräfte mit einer Reihe einzigartiger Herausforderungen auseinandersetzen: dem Gleichgewicht zwischen persönlicher Überzeugung und öffentlichem Dienst, dem Zusammenspiel von Macht und Ethik und dem ständigen Rampenlicht, das jede Entscheidung hinterfragt. In diesem Bereich geht es bei der Führung nicht nur um die Richtung, sondern auch um die Vertretung.

Die Führungsrolle in gemeinnützigen Organisationen und sozialen Bewegungen unterstreicht den aufgabenorientierten Geist. Hier setzen sich Führungskräfte für eine Sache ein, mobilisieren Ressourcen und setzen sich für gesellschaftliche Veränderungen ein, oft trotz großer Schwierigkeiten. Ihre Führungsqualitäten sind ein Zeugnis für die Kraft von Leidenschaft, Ausdauer und Zielstrebigkeit.

Im Laufe dieses Kapitels wird eine vergleichende Analyse die Fäden zwischen diesen verschiedenen Kontexten spinnen und die universellen Grundsätze der Führung beleuchten, aber auch ihre einzigartigen Erscheinungsformen würdigen. In der sich wandelnden Landschaft des 21. Jahrhunderts, in der die Grenzen verschwimmen und die Kontexte sich ständig verändern, ist das Verständnis von Führung in ihren verschiedenen Formen von entscheidender Bedeutung.

Persönliche Führung

Im Mittelpunkt aller Formen von Führung steht der Einzelne. Bevor man ein Team effektiv führen, eine Organisation leiten oder eine Nation beeinflussen kann, muss man sich selbst führen. Persönliche Führung ist daher von grundlegender Bedeutung und gibt den Ton für jede andere Form der Führung an, die man anstreben kann. Es ist eine Reise nach innen, die sich auf Introspektion, Reflexion und persönliches Wachstum konzentriert.

Sich selbst als Führungskraft zu verstehen, ist der erste Schritt. Jeder Mensch verfügt über eine einzigartige Kombination von Stärken, Schwächen, Erfahrungen und Bestrebungen. Es ist wichtig, diese Eigenschaften zu erkennen und zu verstehen, wie sie den eigenen Führungsstil prägen. Einige mögen charismatische Redner sein, während andere sich durch stille Diplomatie auszeichnen. Manche sind risikofreudig und innovationsfreudig, während andere die Stabilität einer sorgfältigen Überlegung bieten. Der Schlüssel liegt nicht darin, den Stil eines anderen zu imitieren, sondern die eigenen authentischen Eigenschaften für die Führung zu nutzen.

Der Weg der Selbstwahrnehmung und Selbstregulierung führt tiefer in dieses Selbstverständnis hinein. Selbsterkenntnis bedeutet, die eigenen Emotionen, Auslöser und Vorurteile zu erkennen. Es geht darum, die eigenen Reaktionen zu verstehen und die Auswirkungen, die sie auf andere haben. Bei der Selbstregulierung hingegen geht es darum, diese Reaktionen zu steuern. Eine Führungskraft, die sich in ihrer Gefühlswelt zurechtfindet, kann Entscheidungen treffen, die ausgewogen und maßvoll sind, anstatt reaktionär zu sein. Diese emotionale Intelligenz stärkt nicht nur die persönliche Führung, sondern fördert auch das Vertrauen und den Respekt der Geführten.

Persönliche Ziele zu setzen und sie mit Werten in Einklang zu bringen, ist der Kompass der persönlichen Führung. Es ist leicht, sich im weiten Meer der Möglichkeiten und Herausforderungen treiben zu lassen, aber eine klare Reihe von Zielen, die in den eigenen Grundwerten verankert sind, gibt Orientierung. Bei diesen Zielen geht es nicht nur um Erfolge, sondern auch um persönliches Wachstum und den eigenen Beitrag. Sie spiegeln die Vision der Führungskraft für sich selbst, die Spuren, die sie hinterlassen möchte, und das Vermächtnis, das sie aufbauen will, wider. Wenn die persönlichen Ziele mit den eigenen Werten übereinstimmen, wird der Weg der Führung nicht nur zu einem Streben, sondern zu einer Leidenschaft.

Persönliche Führung ist das Fundament, auf dem alle anderen Führungsformen aufgebaut sind. Sie ist ein ständiger Prozess der Selbstbeobachtung, des Wachstums und der Neuausrichtung. Auch wenn wir uns in den folgenden Abschnitten in breitere Führungskontexte vorwagen, bleiben die Grundsätze der persönlichen Führung immer relevant und erinnern uns daran, dass die tiefgreifendsten Führungsreisen oft im Inneren beginnen.

Führung des Teams

Der Übergang von der persönlichen Führung zur Leitung einer kollektiven Gruppe bringt eine Reihe neuer Herausforderungen und Möglichkeiten mit sich. Bei der Führung eines Teams geht es nicht nur darum, die eigenen Fähigkeiten zu steigern, sondern die kollektive Stärke, das Talent und die Vielfalt der Teammitglieder zu nutzen. Es geht darum, ein Umfeld zu schaffen, in dem sich jedes Teammitglied wertgeschätzt, verstanden und ermächtigt fühlt. Dieser Übergang wird im Bereich der Teamführung vollzogen.

Die Merkmale effektiver Teamleiter sind vielfältig. Während persönliche Führungseigenschaften nach wie vor grundlegend sind, erfordert die Leitung eines Teams zusätzliche Eigenschaften. Ein effektiver Teamleiter ist oft ein hervorragender Kommunikator, der sicherstellt, dass jedes Mitglied mit den Zielen des Teams übereinstimmt. Er ist auch in der Lage, die einzigartigen Stärken und Schwächen jedes Teammitglieds zu erkennen und Aufgaben entsprechend zu delegieren. Darüber hinaus spielt Einfühlungsvermögen eine entscheidende Rolle. Die Wünsche, Herausforderungen und Bedenken der Teammitglieder zu verstehen und proaktiv darauf einzugehen, kann den Unterschied zwischen einer unengagierten Gruppe und einem kohäsiven Team ausmachen.

Der Aufbau kohäsiver, kooperativer und leistungsstarker Teams erfordert bewusste Anstrengungen. Der Zusammenhalt wird gefördert, wenn die Teammitglieder ein Gefühl der Zugehörigkeit und des Vertrauens haben. Dieses Vertrauen gilt nicht nur für die Führungskraft, sondern auch für die Teammitglieder selbst. Führungskräfte können dies fördern, indem sie Gelegenheiten für Teammitglieder schaffen, zusammenzuarbeiten, ihre Erkenntnisse auszutauschen und voneinander zu lernen. Gemeinsame Erfolge zu feiern, individuelle Beiträge anzuerkennen und eine transparente Kommunikation zu gewährleisten, sind wichtige Bestandteile dieser Bemühungen. Es geht auch darum, klare Erwartungen zu formulieren und die für den Erfolg des Teams erforderlichen Instrumente und Ressourcen bereitzustellen.

Die Steuerung von Teamdynamik, Konflikten und Entscheidungsprozessen ist vielleicht der komplizierteste Aspekt der Teamführung. Keine zwei Personen sind gleich, und wenn unterschiedliche Persönlichkeiten und Standpunkte aufeinander treffen, sind Konflikte unvermeidlich. Wenn Konflikte jedoch konstruktiv gehandhabt werden, können sie zu innovativen Lösungen und tieferen Teamverbindungen führen. Effektive Teamleiter antizipieren nicht nur diese Dynamik, sondern vermitteln auch bei Meinungsverschiedenheiten auf eine Weise, die sicherstellt, dass jede Stimme gehört wird. Bei der Entscheidungsfindung schaffen sie ein Gleichgewicht zwischen Durchsetzungsvermögen und Konsensbildung. Sie wissen, wann sie das Kommando übernehmen und wann sie sich zurückziehen und das Team zu einer gemeinsamen Entscheidung kommen lassen müssen.

Die Leitung eines Teams ist eine facettenreiche Aufgabe, die eine Mischung aus zwischenmenschlichen Fähigkeiten, strategischem Denken und Anpassungsfähigkeit erfordert. Die Herausforderungen sind vielfältig, aber die Vorteile, die sich aus der Führung eines motivierten, leistungsstarken Teams zur Erreichung gemeinsamer Ziele ergeben, sind unvergleichlich. Da sich die Führungslandschaft immer weiter ausdehnt, bieten die Grundsätze der Teamführung Einsichten und Lektionen, die sich auf noch größere Zusammenhänge anwenden lassen.

Organisatorische Führung

Wenn wir die Leiter der Führungsdimensionen hinaufsteigen, gelangen wir zu einem breiteren, umfassenderen Bereich: der organisatorischen Führung. Diese Ebene der Führung geht über die Grenzen von Einzelpersonen oder Teams hinaus und befasst sich mit dem komplizierten Geflecht ganzer Organisationen. Führungskräfte in Organisationen befinden sich oft am Steuer eines großen Schiffes und haben die Aufgabe, dieses Schiff in unbekannte Gewässer zu steuern und gleichzeitig das Wohlergehen aller an Bord zu gewährleisten.

Die Rolle und die Verantwortlichkeiten von Führungskräften in Organisationen sind umfangreich und vielfältig. Neben dem täglichen Management der Funktionen ihrer Organisation sind sie die Fackelträger der Vision, der Mission und der Werte der Organisation. Ihre Entscheidungen wirken sich nicht nur auf die unmittelbaren Teams, sondern auch auf Abteilungen, Interessengruppen und häufig auf die gesamte Gemeinschaft oder Branche aus. Ihre Aufgabe ist es, nicht nur zu führen, sondern zu inspirieren, nicht nur zu verwalten, sondern zu innovieren. Ihre Entscheidungen müssen die unmittelbaren Bedürfnisse der Organisation berücksichtigen, aber auch vorausschauend sein und zukünftige Herausforderungen und Chancen antizipieren.

Die Entwicklung einer strategischen Vision und die Ausrichtung der Organisation sind zentrale Aspekte der Unternehmensführung. Es reicht nicht aus, eine Vision zu haben; die Führungskräfte müssen sicherstellen, dass diese Vision klar und überzeugend ist und im gesamten Unternehmen wirksam kommuniziert wird. Jedes Team, jede Abteilung und jeder Einzelne sollte seine Rolle bei der Verwirklichung dieser Vision verstehen. Dazu müssen die Organisationsstrukturen, Prozesse und die Unternehmenskultur mit den strategischen Zielen in Einklang gebracht werden. Es handelt sich um einen kontinuierlichen Prozess, bei dem der Puls der Organisation überprüft, die Strategien neu kalibriert und sichergestellt wird, dass die Ressourcen optimal zur Erreichung dieser Ziele eingesetzt werden.

Die Bewältigung des organisatorischen Wandels und der Entwicklung ist ein weiterer wichtiger Aspekt. In der schnelllebigen Welt von heute ist der Wandel die einzige Konstante.

Unternehmensleiter müssen die Winde des Wandels frühzeitig erkennen und ihr Unternehmen auf die Anpassung vorbereiten. Dies kann technologische Upgrades, Änderungen der Geschäftsmodelle, Fusionen oder sogar die Ausrichtung auf völlig neue Ziele bedeuten. Ein Unternehmen durch solche Veränderungen zu führen, ist keine leichte Aufgabe. Sie erfordert eine Kombination aus strategischem Weitblick, effektiver Kommunikation und der Fähigkeit, das gesamte Unternehmen auf neue Ziele auszurichten. Darüber hinaus müssen Führungskräfte die menschliche Seite des Wandels kennen und die Ängste, Befürchtungen und Hoffnungen ihrer Mitarbeiter bei der Bewältigung dieser Übergänge verstehen und auf sie eingehen.

Politische Führung

Mit dem Betreten der globalen Bühne betritt die politische Führung einen Bereich, in dem sehr viel auf dem Spiel steht und die Auswirkungen von Entscheidungen oft über Generationen hinweg zu spüren sind. Im Gegensatz zu vielen anderen Formen der Führung, bei denen das Hauptaugenmerk auf einer bestimmten Organisation oder Sache liegt, tragen politische Führungskräfte das Gewicht ganzer Nationen, Bevölkerungen und manchmal sogar globaler Koalitionen auf ihren Schultern. Dieser Bereich ist voller Komplexität und wird durch das Zusammentreffen von Geschichte, Kultur, Geopolitik und dem sich ständig weiterentwickelnden Geflecht menschlicher Bestrebungen geprägt.

Der Kern der einzigartigen Herausforderungen, die eine Führungskraft in der politischen Arena zu bewältigen hat, ist der komplizierte Tanz der Diplomatie und Governance. Hier geht es nicht nur um die Leitung von Teams oder Organisationen, sondern auch um die Führung von Nationen, die sich mit den Feinheiten von Politik, Diplomatie, nationalen Interessen und internationalen Beziehungen auseinandersetzen müssen. Ihre Entscheidungen können die Wirtschaft, Friedensverträge und sogar den Lauf der Geschichte beeinflussen. Die Herausforderungen reichen vom internen Druck der Parteipolitik bis hin zu den größeren Problemen der globalen Geopolitik, der internationalen Diplomatie und sogar den unvorhergesehenen Ereignissen, die den Mut und die Widerstandsfähigkeit einer Nation auf die Probe stellen.

Ein weiterer zentraler Aspekt politischer Führung ist der Spagat zwischen persönlichen Überzeugungen und öffentlichen Forderungen und Erwartungen. Zwar betritt jede Führungskraft die Arena mit persönlichen Überzeugungen und Glauben, doch die Natur demokratischer Systeme erfordert ein ständiges Ohr am Puls der Zeit. Führungspersönlichkeiten müssen ein Gleichgewicht finden zwischen dem, was sie für die Zukunft der Nation für richtig halten, und den unmittelbaren Bedürfnissen und Forderungen ihrer Wählerschaft. Dieser Balanceakt ist heikel und voller Herausforderungen, da Entscheidungen nicht immer mit der Stimmung in der Bevölkerung übereinstimmen müssen. Es geht darum, schwierige Entscheidungen zu treffen, oft zwischen dem kleineren Übel zu wählen und dabei den eigenen Grundwerten und der größeren Vision für die Nation treu zu bleiben.

Um die Feinheiten politischer Führung wirklich zu verstehen, ist es erhellend, den Weg von Männern und Frauen zu erkunden, die unauslöschliche Spuren in der Geschichte hinterlassen haben. Die Fallstudien solcher Führungspersönlichkeiten offenbaren die Breite und Tiefe ihrer Erfahrungen, Herausforderungen, Strategien und das daraus resultierende Vermächtnis, das sie der Welt hinterlassen haben.

Führungspersönlichkeiten wie Nelson Mandela sind überragende Persönlichkeiten, die für Widerstandsfähigkeit, Visionen und einen unerschütterlichen Geist der Versöhnung im Angesicht immenser Widrigkeiten stehen. Sein Weg als Führungspersönlichkeit, von den Gefängniszellen auf Robben Island bis zum Präsidentenamt Südafrikas, ist ein Zeugnis für die Kraft von Zielstrebigkeit, Geduld und Ausdauer.

Winston Churchill ist ein weiteres Paradebeispiel für Führungsstärke, insbesondere in den turbulenten Zeiten des Zweiten Weltkriegs. Seine Reden bewegten die Nationen, seine Entscheidungen lenkten den Verlauf von Schlachten, und seine Unverwüstlichkeit gab in den dunkelsten Stunden Hoffnung. Churchills Führungsqualitäten zeichneten sich nicht nur durch strategische Brillanz aus, sondern auch durch eine Redekunst, die eine ganze Nation aufrüttelte.

Indira Gandhi, die erste weibliche Premierministerin Indiens, bietet eine fesselnde Studie über Führungsqualitäten, insbesondere im Kontext einer Nation, die mit postkolonialen Herausforderungen zu kämpfen hatte. Ihre Amtszeit war eine Mischung aus mutigen Entscheidungen, von der Befreiung Bangladeschs bis hin zum umstrittenen Ausnahmezustand. Gandhis Führungsstil zeichnete sich durch eine Mischung aus Entschlossenheit, Visionen und bisweilen umstrittenen Entscheidungen aus, die auch heute noch diskutiert werden.

Im Pantheon der einflussreichen weiblichen politischen Führer nehmen Persönlichkeiten wie Golda Meir und Margaret Thatcher ebenfalls herausragende Positionen ein. Meir, die oft als "Eiserne Lady Israels" bezeichnet wird, zeichnete sich durch einen Führungsstil aus, der von Hartnäckigkeit und einem tiefen Engagement für den Staat Israel geprägt war. Margaret Thatcher hingegen, die erste weibliche Premierministerin Großbritanniens, war für ihre kompromisslose Politik bekannt, was ihr sowohl Bewunderung als auch Kritik einbrachte.

Zeitgenössische weibliche Führungskräfte wie Jacinda Ardern, Neuseelands Premierministerin, setzen neue Maßstäbe. Arderns einfühlsame und entschlossene Führung, insbesondere angesichts von Krisen wie der Schießerei in der Christchurch-Moschee oder der COVID-19-Pandemie, bietet neue Einblicke in die sich entwickelnde Natur der politischen Führung im 21.

Die Untersuchung des Werdegangs dieser Führungspersönlichkeiten bietet unschätzbare Einblicke in die Vielschichtigkeit der politischen Führung. Ihre Geschichten umfassen ein ganzes Spektrum von Herausforderungen, Entscheidungen, Siegen und Rückschlägen. Für angehende politische Führungskräfte sind diese Erzählungen nicht nur historische Berichte, sondern auch wichtige Lektionen, die sowohl als warnende Geschichten als auch als tiefgreifende Quellen der Inspiration dienen.

Führungsqualitäten in gemeinnützigen Organisationen und sozialen Bewegungen

Das Navigieren auf dem Terrain der Führung in gemeinnützigen Organisationen und sozialen Bewegungen stellt eine einzigartige Kombination von Herausforderungen und Belohnungen dar. Während viele Führungsprinzipien sektorübergreifend gelten, erfordert der gemeinnützige Bereich mit seiner auftragsorientierten Ausrichtung einen differenzierten Ansatz. Effektive Führungskräfte in diesem Bereich müssen Leidenschaft mit Pragmatismus, Visionen mit Machbarkeit und Inspiration mit Umsetzung verbinden.

Der auftragsorientierte Charakter der gemeinnützigen Führung unterscheidet sie von ihren gewinnorientierten Pendants. Im Kern geht es bei der Führung in diesem Sektor darum, Veränderungen zu bewirken, sei es im sozialen, ökologischen, kulturellen oder politischen Bereich. Der Auftrag ist der Nordstern, an dem sich alle strategischen Entscheidungen und Maßnahmen orientieren. Dieses unerschütterliche Engagement für eine Sache erfordert von den Führungskräften oft ein selbstloses Verhalten, bei dem sie die Ziele der Organisation und die Bedürfnisse der Gemeinschaft über persönliche Bestrebungen oder Gewinnmotive stellen.

Die Mobilisierung von Ressourcen, freiwilligen Helfern und gesellschaftlichem Engagement ist eine zentrale Aufgabe für Führungskräfte in gemeinnützigen Organisationen. Anders als in der Unternehmenswelt, wo finanzielle Kennzahlen oft die Entscheidungen diktieren, müssen sich gemeinnützige Organisationen auf eine Mischung aus Spenderbeiträgen, Zuschüssen und Unterstützung durch die Gemeinschaft verlassen. Führungskräfte in diesem Bereich müssen in der Lage sein, Geschichten zu erzählen und die Mission der Nonprofit-Organisation in fesselnde Erzählungen zu übersetzen, die bei potenziellen Spendern, Freiwilligen und Nutznießern Anklang finden. Darüber hinaus müssen gemeinnützige Führungskräfte angesichts der oft begrenzten Ressourcen innovativ sein und mit minimalen Mitteln eine maximale Wirkung erzielen. Die Einbindung von Freiwilligen, die oft das Herzblut vieler gemeinnütziger Organisationen sind, erfordert andere Fähigkeiten. Es geht darum, Leidenschaft zu wecken, ein Gefühl der Zugehörigkeit zu fördern und Beiträge anzuerkennen, die über eine finanzielle Entschädigung hinausgehen.

Wirksame Führungspersönlichkeiten in bedeutenden sozialen Bewegungen bieten uns einen Blickwinkel, durch den wir die tiefgreifende Wirkung von Führung bei der Mobilisierung von Massen und der Herbeiführung von Veränderungen verstehen können. Führungspersönlichkeiten wie Martin Luther King Jr., der an der Spitze der amerikanischen Bürgerrechtsbewegung stand, haben die Kraft des gewaltlosen Widerstands, der Eloquenz und der moralischen Stärke unter Beweis gestellt. Seine "Ich habe einen Traum"-Rede ist ein bleibendes Zeugnis für visionäre Führung. In ähnlicher Weise hat Malala Yousafzai durch ihren mutigen Widerstand gegen die Unterdrückung durch die Taliban in Pakistan und ihr Eintreten für die Bildung von Mädchen weltweit zu einer Ikone der Widerstandskraft und des Engagements geworden.

In einem anderen Zusammenhang hat Greta Thunberg, eine jugendliche Umweltaktivistin, die weltweite Aufmerksamkeit auf den Klimawandel gelenkt. Ihre Fähigkeit, Millionen von Menschen zu inspirieren und für Klimastreiks zu mobilisieren, zeigt, wie sich die Führungsrolle in sozialen Bewegungen verändert, insbesondere im digitalen Zeitalter.

Diese und viele andere Führungspersönlichkeiten unterstreichen das Wesen der Führung in gemeinnützigen Organisationen und sozialen Bewegungen. Ihr Werdegang bietet Einblicke in die Komplexität, die Herausforderungen und vor allem in die transformative Kraft der Führung, die sich einer Sache widmet, die größer ist als man selbst.

Vergleichende Analyse: Führung in verschiedenen Kontexten

Obwohl Führung allgemein anerkannt und verehrt wird, nimmt sie je nach dem Kontext, in dem sie sich entfaltet, unterschiedliche Schattierungen und Nuancen an. Von der persönlichen Sphäre, in der Führung eher introspektiv und auf Selbstentfaltung ausgerichtet ist, bis hin zur großen politischen Arena, in der Entscheidungen Einfluss auf Nationen haben, weisen die Grundsätze und Herausforderungen der Führung sowohl starke Kontraste als auch überraschende Ähnlichkeiten auf. Das Verständnis dieser Nuancen ist für Führungskräfte von entscheidender Bedeutung, wenn sie sich auf unterschiedlichen Terrains bewegen oder versuchen, Lektionen aus einem Bereich auf einen anderen zu übertragen.

Hervorhebung der Hauptunterschiede und -ähnlichkeiten bei Führungsrollen

Auf den ersten Blick scheint die persönliche Führung Welten von der Führung in einem großen Unternehmenskonglomerat oder in einem politischen Umfeld entfernt zu sein. Bei der persönlichen Führung geht es oft um Selbsterkenntnis, das Setzen von persönlichen Meilensteinen und darum, in der eigenen Lebensgeschichte eine Führungsrolle zu übernehmen. Im Gegensatz dazu geht es bei der organisatorischen oder politischen Führung um die Steuerung komplexer Einheiten, das Management vielschichtiger Teams und das Treffen von Entscheidungen, die sich auf eine große Anzahl von Menschen auswirken.

Doch bei näherem Hinsehen werden die Überschneidungen deutlich. Die Selbsterkenntnis, die für die persönliche Führung entscheidend ist, ist für einen CEO oder eine politische Führungskraft ebenso wichtig, damit sie geerdet, einfühlsam und visionär bleiben. Die Zielsetzung, die man in der persönlichen Führung vornimmt, spiegelt die strategische Planung und die Festlegung von Visionen im organisatorischen Kontext wider.

Lehren aus einem Kontext in einen anderen ziehen

Das Verständnis dieser Parallelen ermöglicht eine gegenseitige Befruchtung von Ideen und Strategien. So können beispielsweise die in der persönlichen Führung gepflegten Reflexionspraktiken in Teambildungsübungen in Organisationen integriert werden, um den Zusammenhalt und die Ausrichtung des Teams zu fördern. Andererseits können die strukturierten Entscheidungsfindungsprozesse, die in Unternehmen angewandt werden, für die persönliche Zielsetzung angepasst werden, um die Ziele klarer und erreichbarer zu machen. Aus der Bewältigung von Teamdynamiken und Konflikten in der organisatorischen Führung können wertvolle Lehren für die persönliche Führung gezogen werden, insbesondere bei der gemeinsamen Arbeit an Projekten oder Gemeinschaftsinitiativen.

Identifizierung universeller Führungsprinzipien und -praktiken

Trotz der Unterschiede zwischen den verschiedenen Kontexten sind einige Führungsprinzipien zeitlos und universell. Integrität zum Beispiel ist ein Eckpfeiler, egal ob man sich selbst, ein Team oder eine Nation führt. Ebenso sind effektive Kommunikation, Einfühlungsvermögen, Belastbarkeit angesichts von Herausforderungen und die Fähigkeit, zu inspirieren und zu motivieren, Eigenschaften, die in allen Führungsbereichen zum Tragen kommen.

Auch wenn der jeweilige Kontext spezifische Rollen, Verantwortlichkeiten und Herausforderungen mit sich bringt, bleibt der Kern der Führungsaufgabe - Führen, Beeinflussen und Inspirieren - konstant. Die Anerkennung dieser Universalität bei gleichzeitiger Würdigung der einzigartigen Nuancen jedes Kontexts kann Führungskräfte befähigen, anpassungsfähiger, einfühlsamer und effektiver zu sein, unabhängig von dem Bereich, in dem sie sich befinden.

Zukünftige Trends in der kontextuellen Führung

Wir stehen an der Schwelle zu einer sich rasch wandelnden Welt, die von technologischen Innovationen, soziopolitischen Veränderungen und einer sich entwickelnden globalen Dynamik angetrieben wird, und auch der Begriff der Führung unterliegt einem Wandel. Die Art und Weise, wie Führung in unterschiedlichen Kontexten wahrgenommen, umgesetzt und bewertet wird, wird sich zwangsläufig ändern und eine Reihe von Herausforderungen und Chancen mit sich bringen. Um effektiv und relevant zu bleiben, müssen Führungskräfte auf diese Veränderungen eingestellt sein und ihre Ansätze und Strategien flexibel anpassen.

Die sich entwickelnde Natur von Führungsrollen in verschiedenen Bereichen:

- Digitale und Remote-Führung: Da Fernarbeit und digitaler Wandel eher die Regel als die Ausnahme sind, müssen Führungskräfte in der Lage sein, geografisch verstreute Teams zu leiten, digitale Tools für die Kommunikation und Zusammenarbeit zu nutzen und ein Gefühl der Einheit und Kultur in virtuellen Umgebungen zu fördern.

- Öko-Führerschaft: Da der Planet mit dem Klimawandel und den ökologischen Herausforderungen zu kämpfen hat, müssen Führungskräfte in allen Sektoren zunehmend eine ökologische Führung verkörpern, die Nachhaltigkeit, umweltfreundliche Praktiken und ein Engagement für das Wohlergehen des Planeten in den Vordergrund stellt.

- Menschenzentrierte Führung: Mit dem Vormarsch von künstlicher Intelligenz und Automatisierung wird das menschliche Element in der Führung immer wichtiger. Führungskräfte müssen emotionale Intelligenz, Empathie und Wohlbefinden in den Vordergrund stellen, um sicherzustellen, dass der menschliche Geist inmitten des technologischen Fortschritts gedeiht.

Herausforderungen und Chancen für das kommende Jahrzehnt antizipieren

- Kulturelle Beweglichkeit: Mit der zunehmenden Vernetzung der Welt werden Führungskräfte auf unterschiedliche Kulturen, Überzeugungen und Perspektiven treffen. Dies erfordert kulturelle Beweglichkeit - die Fähigkeit, Kulturen zu verstehen, zu respektieren und effektiv zwischen ihnen zu arbeiten.

- Ethische Zwickmühlen: Der rasche technologische Fortschritt, insbesondere in Bereichen wie Biotechnologie, KI und Datenanalyse, wird Führungskräfte vor komplexe ethische

Dilemmata stellen. Diese mit Integrität zu meistern, wird von größter Bedeutung sein.

- Chance in der Krise: Das kommende Jahrzehnt wird, wie jedes andere auch, seinen Anteil an globalen Krisen haben - seien es wirtschaftliche Abschwünge, Gesundheitspandemien oder geopolitische Spannungen. Führungskräfte, die in der Lage sind, in der Not eine Chance zu sehen, innovativ zu sein und ihre Teams durch turbulente Zeiten zu führen, werden besonders geschätzt werden.

Vorbereitung auf Führungsaufgaben in aufstrebenden Kontexten

- Lebenslanges Lernen: Die Zukunft wird den Führungskräften gehören, die ständig lernen, ihr Wissen und ihre Fähigkeiten auf den neuesten Stand bringen, mit den globalen Trends Schritt halten und bereit sind, zu verlernen und neu zu lernen.

- Aufbau vielfältiger Netzwerke: Die Zusammenarbeit mit einer Vielzahl von Menschen aus verschiedenen Branchen, Kulturen und mit unterschiedlichem Hintergrund kann Führungskräften neue Perspektiven, Einblicke und Möglichkeiten der Zusammenarbeit bieten.

- Geistige Beweglichkeit: Die Fähigkeit, kritisch zu denken, sich auf wechselnde Situationen einzustellen und sich mehrere Szenarien vorzustellen, ist von entscheidender Bedeutung. Diese geistige Beweglichkeit ermöglicht es den Führungskräften, ihre Strategien je nach den Erfordernissen der Situation anzupassen.

Auf unserem Weg durch das weite Feld der Führung in unterschiedlichen Kontexten, vom persönlichen Umfeld bis hin zur globalen politischen Arena, treten einige Wahrheiten klar zutage. Führung in ihren unzähligen Formen mag sich in verschiedenen Kontexten unterschiedlich manifestieren, aber bestimmte Kernprinzipien verbinden diese unterschiedlichen Rollen miteinander. Unsere Reise durch dieses Kapitel war eine Entdeckungsreise, auf der wir die Facetten aufgedeckt haben, die eine Führungskraft unabhängig von ihrem Tätigkeitsbereich wirklich effektiv machen.

Die Synthese der Erkenntnisse aus diesen verschiedenen Führungsrollen lehrt uns, dass sich die Techniken und Strategien zwar unterscheiden mögen, die Essenz der Führung aber gleich bleibt: Vision, Einfühlungsvermögen, Integrität und die Fähigkeit, zu inspirieren. Eine politische Führungspersönlichkeit kann mit ihrem Charisma die Massen mobilisieren, während eine persönliche Führungspersönlichkeit sich mit innerer Stärke motivieren kann; der Kern bleibt derselbe. Es geht darum, positive Veränderungen voranzutreiben, Beziehungen aufzubauen und ein unauslöschliches Zeichen zu hinterlassen.

Anpassungsfähige, belastbare und kontextbewusste Führungsqualitäten sind mehr als nur wünschenswerte Eigenschaften; sie sind in der heutigen unbeständigen, unsicheren, komplexen und mehrdeutigen Welt unabdingbar. Führungskräfte, die in ihren Ansätzen starr sind oder denen es an Anpassungsfähigkeit mangelt, laufen Gefahr, überflüssig zu werden und bei ihren Teams oder Wählern keinen Anklang zu finden. Resilienz hingegen sorgt dafür, dass Führungskräfte angesichts von Herausforderungen unbeirrt bleiben und mit noch größerer Entschlossenheit zurückschlagen. Kontextbewusstsein ermöglicht es Führungskräften, die einzigartige Dynamik ihres Umfelds zu verstehen, sei es eine gemeinnützige Organisation, eine politische Kundgebung oder eine Vorstandsetage eines Unternehmens, und ihren Führungsstil entsprechend anzupassen.

Eine der nachhaltigsten Lehren, die wir aus der Untersuchung von Führung in verschiedenen Kontexten ziehen, ist die überragende Bedeutung von kontinuierlichem Lernen und Wachstum. Führung ist keine statische Leistung, sondern eine sich entwickelnde Reise.

Die Landschaften mit ihren Herausforderungen und Chancen sind in ständigem Wandel begriffen, und Führungskräfte müssen sich dementsprechend weiterentwickeln. Dies erfordert einen unstillbaren Wissensdurst, die Bereitschaft, sich selbst zu verbessern, und die Bescheidenheit, zu erkennen, dass es, egal wie viel man erreicht hat, immer noch Raum für Wachstum gibt.

Übungen und Aktivitäten zu Kapitel 9: Führung in verschiedenen Kontexten

Rollenspiele in verschiedenen Führungsrollen

Zielsetzung: Verstehen der Nuancen von Führungsrollen in verschiedenen Kontexten durch Eintauchen in simulierte Szenarien.

Persönliches Führungsszenario: Die Teilnehmer entwerfen ein persönliches Visionsstatement für ihre Führungsrolle und teilen es mit einem Partner, um Feedback zu erhalten.

Szenario zur Teamführung: Teilen Sie die Teilnehmer in kleine Gruppen ein und weisen Sie jeder Gruppe eine Teamaufgabe zu. Eine Person übernimmt die Führungsrolle und steuert das Team durch die Herausforderung.

Szenario zur politischen Führung: Den Teilnehmern wird eine hypothetische politische Situation vorgelegt. Sie müssen ihren "Wählern" (anderen Teilnehmern) mitteilen, wie sie mit der Situation umgehen würden.

Analyse von Fallstudien aus dem wirklichen Leben in verschiedenen Kontexten

Zielsetzung: Ableitung von Erkenntnissen und Lehren aus dem Werdegang und den Entscheidungen von Führungskräften in verschiedenen Szenarien.

Fallstudie zur organisatorischen Führung: Analysieren Sie den Führungsansatz von Satya Nadella bei Microsoft und seine Rolle bei der Transformation des Unternehmens.

Fallstudie zur politischen Führung: Untersuchen Sie die Führungseigenschaften und -strategien von Angela Merkel während ihrer Amtszeit als Bundeskanzlerin von Deutschland.

Fallstudie über gemeinnützige Führung: Untersuchen Sie den Einfluss und den Führungsstil von Malala Yousafzai und ihren Einsatz für die Bildung von Mädchen.

Gruppendiskussionen über kontextbezogene Herausforderungen und Chancen für die Führung

Zielsetzung: Erleichterung des Austauschs von Ideen und Perspektiven zu den unterschiedlichen Herausforderungen und Möglichkeiten in verschiedenen Führungskontexten.

Diskussion über persönliche Führungsqualitäten: Denken Sie über persönliche Erfahrungen nach, bei denen die Teilnehmer das Gefühl hatten, eine Führungsrolle zu übernehmen, auch wenn dies inoffiziell geschah. Was waren die Herausforderungen? Was haben sie gelernt?

Diskussion über die Führung von Teams: Tauschen Sie Erfahrungen aus, die Sie als Mitglied eines Teams gemacht haben. Welche Führungsqualitäten haben sie an ihren Teamleitern geschätzt? Welche Eigenschaften fehlten?

Diskussion über politische Führung: Erörtern Sie die Vor- und Nachteile verschiedener politischer Führungsstile, die weltweit zu beobachten sind. Was sind die Herausforderungen, die politische Führung im Vergleich zu anderen Formen mit sich bringt?

Feedback und Reflexion

Zielsetzung: Nach den Übungen reflektieren die Teilnehmer ihre Erfahrungen, diskutieren die wichtigsten Erkenntnisse und geben Feedback. Bitten Sie die Teilnehmer, drei wichtige Erkenntnisse aus den Rollenspielen, Fallstudien und Diskussionen aufzuschreiben.

Kapitel 10: Die Zukunft der Führung

In einer Welt, die sich ständig verändert, bleibt Führung der Leuchtturm, der Organisationen, Nationen und Gemeinschaften zu Fortschritt, Widerstandsfähigkeit und Innovation führt. In dem Maße, in dem sich die Landschaft unserer Gesellschaft und die Technologie verändern, verändert sich auch das Wesen der Führung. Dieses Kapitel begibt sich auf eine Reise in die Zukunft der Führung - in einen Bereich, der von rasanten technologischen Fortschritten, globalen Herausforderungen ungeahnten Ausmaßes und einem ständig wachsenden Bedarf an nachhaltigen Ansätzen geprägt ist.

Beginnend mit "Führung im digitalen Zeitalter" untersuchen wir die tiefgreifenden Auswirkungen der vierten industriellen Revolution auf die Führung. Wie kann man in einer Welt führen, in der künstliche Intelligenz, virtuelle Realität und digitale Netzwerke die Kommunikation, die Entscheidungsfindung und sogar die Art der Arbeit neu definieren? Welche Fähigkeiten und Denkweisen werden die Führungskräfte von morgen benötigen, um sich in dieser schönen neuen Welt zurechtzufinden?

Im weiteren Verlauf von "Globale Herausforderungen und Führung" verlagert sich der Schwerpunkt auf das komplexe Geflecht der globalen Dynamik. Die Führungskräfte der Zukunft werden nicht nur lokale oder organisatorische Einheiten leiten, sondern auch globale Krisen verstehen und bewältigen müssen, die vom Klimawandel bis zu geopolitischen Spannungen und von Ressourcenknappheit bis zu großen Migrationsbewegungen reichen. Die Verflechtung unserer Welt erfordert Führungskräfte, die global denken und gleichzeitig lokal handeln können.

"Sustainable Leadership" befasst sich mit einem langfristigen Führungsansatz. Wie können Führungskräfte in einer Zeit, in der unmittelbare Ergebnisse oft langfristige Strategien überschatten, die Nachhaltigkeit fördern? Wie können sie sicherstellen, dass ihre

Entscheidungen nicht nur der Gegenwart dienen, sondern auch den Weg für eine bessere, nachhaltigere Zukunft für die nächsten Generationen ebnen?

Bereiten Sie sich auf eine aufschlussreiche Entdeckungsreise in die Zukunft der Führung vor, um die Herausforderungen zu verstehen und sich mit dem Wissen und der Perspektive zu wappnen, die für die Führung in den kommenden Jahrzehnten erforderlich sind.

Die digitale Revolution ist viel mehr als nur neue Tools oder Technologien - sie ist eine transformative Kraft, die unsere Art zu denken, zu arbeiten, zu kommunizieren und zu führen umgestaltet. Führungskräfte in diesem Zeitalter müssen sich mit den vielfältigen Dimensionen der digitalen Transformation und ihren tiefgreifenden Auswirkungen auseinandersetzen.

Digitale Transformation und ihre Auswirkungen auf Führungskräfte

Die digitale Transformation hat jede Branche erfasst und die Art und Weise, wie wir Geschäftsmodelle konzipieren, ausführen und bewerten, neu definiert. Für Führungskräfte ist es nicht nur wichtig, mit den neuesten Techniktrends Schritt zu halten, sondern auch die tiefgreifenden Veränderungen der Geschäftsparadigmen und Kundenerwartungen zu verstehen, die diese digitale Revolution mit sich bringt.

Die digitale Transformation verändert die Kundenerwartungen. Da digitale Erlebnisse im Leben der Verbraucher immer nahtloser und personalisierter werden, erwarten sie natürlich auch von Unternehmen das gleiche Maß an Komfort und Individualisierung. Führungskräfte müssen daher genau auf diese sich entwickelnden Erwartungen eingestellt sein und sicherstellen, dass ihre Unternehmen außergewöhnliche, digital gestützte Kundenerlebnisse bieten können.

Das Wesen des Wettbewerbs ändert sich in einem digital veränderten Umfeld. Traditionelle Konkurrenten könnten von neuen, digitalen Erstanbietern oder sogar von Unternehmen aus ganz anderen Branchen verdrängt werden, die digitale Plattformen nutzen, um neue Märkte zu erschließen. Führungskräfte müssen sich einen Überblick über die Wettbewerbslandschaft verschaffen, potenzielle Bedrohungen aus nicht-traditionellen Quellen erkennen und Möglichkeiten der branchenübergreifenden Zusammenarbeit nutzen.

Dieser Wandel bringt auch eine neue Konzentration auf Daten mit sich. Mit der Verbreitung digitaler Berührungspunkte haben Unternehmen nun Zugang zu einem Schatz an Daten. Die Führungskräfte müssen eine datengesteuerte Kultur fördern, in der Erkenntnisse aktiv gesammelt und zum strategischen Vorteil genutzt werden. Mit großen Daten kommt jedoch auch große Verantwortung. Ethische Überlegungen zur Datennutzung, -speicherung und zum Datenschutz sind von größter Bedeutung. Führungskräfte müssen sicherstellen, dass robuste Cybersicherheitsmaßnahmen vorhanden sind und sich für transparente, verantwortungsvolle Datenpraktiken einsetzen.

Auch Organisationsstrukturen und Arbeitskulturen sind gegen die Auswirkungen des digitalen Wandels nicht immun. Hierarchien könnten flacher werden, und agile, funktionsübergreifende Teams könnten zur Norm werden. Das Konzept eines festen Arbeitsplatzes könnte verschwimmen, da Technologien für die Fernarbeit es Teams ermöglichen, von überall auf der Welt aus zusammenzuarbeiten. Führungskräfte müssen in der Lage sein, diese verteilten Teams zu managen und dafür zu sorgen, dass die Unternehmenskultur trotz der räumlichen Entfernungen kohärent bleibt und mit ihren Grundwerten im Einklang steht.

Während rasche technologische Fortschritte zur Norm werden, besteht die grundlegende Herausforderung darin, sicherzustellen, dass das menschliche Element inmitten der Algorithmen und

Automatisierungen nicht verloren geht. Führungskräfte müssen ein Gleichgewicht finden, das sicherstellt, dass bei der Rationalisierung und Optimierung von Prozessen durch Technologie die menschliche Note, das Einfühlungsvermögen und die Intuition bei der Entscheidungsfindung und den Kundeninteraktionen erhalten bleiben.

Die Auswirkungen der digitalen Transformation auf Führungskräfte sind weitreichend und vielschichtig. Sie müssen Visionäre, Strategen, Kulturschaffende und ethische Wächter sein, während sie sich in den unbekannten Gewässern des digitalen Zeitalters bewegen. Diejenigen Führungskräfte, die das Digitale mit dem Menschlichen verbinden können, die innovativ sind und gleichzeitig in ihren Grundwerten verwurzelt bleiben, sind diejenigen, die ihre Organisationen wirklich in eine vielversprechende, digital erweiterte Zukunft führen werden.

Führen von Remote- und Hybrid-Teams
Die Leitung von Remote- und Hybrid-Teams ist eine moderne Führungsaufgabe, die sowohl spannende Möglichkeiten als auch komplizierte Hürden bietet. Das Versprechen, bei der Talentakquise ein breiteres Netz auszuwerfen und aus einem globalen Pool zu schöpfen, steht im Gegensatz zu der Herausforderung, ein kohärentes, einheitliches Team aus Einzelpersonen zusammenzustellen, die möglicherweise nie denselben physischen Raum nutzen.

Die Grundlage für die Führung von Remote-Teams ist Vertrauen. In traditionellen Büroumgebungen kann Vertrauen durch tägliche Interaktionen, zwanglose Kaffeepausen oder spontane Teamessen aufgebaut werden. In einer entfernten Umgebung gibt es diese organischen Berührungspunkte jedoch nicht. Die Führungskräfte müssen daher das Vertrauen bewusst kultivieren. Dies beginnt damit, dass man den Teammitgliedern die Autonomie einräumt, ihre Aufgaben und ihre Zeit selbst zu verwalten, dem Drang zum Mikromanagement widersteht und die Ergebnisse über die Anzahl der geleisteten Arbeitsstunden stellt. Regelmäßige Besprechungen, bei denen es nicht nur um die Aktualisierung von Aufgaben, sondern auch um das individuelle Wohlbefinden geht, können ebenfalls das Vertrauen und die Kameradschaft stärken.

Die Zusammenarbeit ist ein weiterer wichtiger Pfeiler. Dank des technologischen Fortschritts gibt es eine Reihe digitaler Tools, die die Zusammenarbeit in Remote-Teams fördern - von Videokonferenzsoftware bis hin zu Projektmanagement-Tools. Aber mehr noch als die Tools selbst müssen die Führungskräfte eine Kultur schaffen, in der die Zusammenarbeit gefördert und gefeiert wird. Dazu gehört die Festlegung klarer Kommunikationsnormen, die Förderung des Wissensaustauschs und vielleicht sogar die Organisation regelmäßiger virtueller Brainstorming-Sitzungen, bei denen die Teammitglieder ihre unterschiedlichen Perspektiven einbringen können.

Ein möglicher Nachteil der Fernarbeit ist das Gefühl der Isolation, das Teammitglieder empfinden können. Ohne das regelmäßige Brummen im Büro oder die Möglichkeit, dass ein Kollege für ein kurzes Gespräch vorbeikommt, kann sich Fernarbeit manchmal einsam anfühlen. Die Führungskräfte müssen darauf eingestellt sein. Die Organisation virtueller Teambuilding-Aktivitäten, die Förderung informeller virtueller Kaffeegespräche oder sogar regelmäßiger persönlicher Treffen (falls möglich) können dieses Gefühl der Isolation abschwächen.

Darüber hinaus bringt das hybride Modell - bei dem einige Teammitglieder vom Büro aus arbeiten, während andere aus der Ferne tätig sind - eine Reihe eigener Herausforderungen mit sich. Hier besteht die Gefahr, dass ein Zweiklassensystem entsteht, in dem sich die externen Mitarbeiter als zweitrangige Mitglieder fühlen. Führungskräfte müssen darauf achten, dass die Kommunikation, der Zugang zu Ressourcen und die Entwicklungsmöglichkeiten gleich sind, unabhängig davon, wo sich ein Teammitglied befindet.

Vielfalt ist ein weiterer Aspekt, den es zu berücksichtigen gilt. Remote- und Hybrid-Teams setzen sich oft aus Mitgliedern mit unterschiedlichem kulturellen, geografischen und sprachlichen Hintergrund zusammen. Diese Vielfalt kann eine enorme Bereicherung sein, da sie unterschiedliche Perspektiven und Ansätze einbringt, aber sie verlangt auch von den Führungskräften kulturelles Feingefühl. Das Verständnis für unterschiedliche kulturelle Nuancen, das Wissen um mögliche Sprachbarrieren und sogar die Berücksichtigung von Zeitzonen bei der Terminplanung sind allesamt Merkmale einer effektiven Führung in solchen Kontexten.

Die Herausforderungen des Informationszeitalters meistern

Der Beginn des Informationszeitalters hat die Führungslandschaft radikal verändert. Führungskräfte sind nicht mehr nur auf hierarchische Strukturen oder begrenzte Daten angewiesen, sondern werden von einer Flut von Echtzeitinformationen aus unzähligen Quellen überschwemmt. Daraus ergeben sich sowohl einmalige Chancen als auch gewaltige Herausforderungen.

Eines der auffälligsten Merkmale des Informationszeitalters ist seine demokratisierende Wirkung. Informationen, die früher nur einigen wenigen vorbehalten waren, sind jetzt für viele zugänglich. Dadurch verschiebt sich das Machtgleichgewicht, und die Führungskräfte müssen bei der Entscheidungsfindung stärker auf Zusammenarbeit und Einbeziehung setzen. Das Mantra hat sich von "Wissen ist Macht" zu "Wissen teilen ist Macht" entwickelt.

Dieser immense Zugang zu Informationen hat auch seine Tücken. Die schiere Menge kann überwältigend sein. Jeden Tag werden Führungskräfte mit Berichten, Analysen, Nachrichten und Updates bombardiert. Die Herausforderung besteht darin, diese riesige Menge an Informationen zu verwertbaren Erkenntnissen zu destillieren. Dies erfordert eine Kombination aus kritischem

Denken, Unterscheidungsvermögen und einer analytischen Denkweise. Es geht darum, das Signal vom Rauschen zu unterscheiden und fundierte Entscheidungen zu treffen, die mit den übergreifenden Zielen des Unternehmens in Einklang stehen.

Erschwerend kommt hinzu, dass Fehlinformationen und Desinformationen weit verbreitet sind. In der digitalen Welt, in der Informationen mit nur einem Klick weit verbreitet werden können, müssen Führungskräfte wachsam sein, auf welche Quellen sie sich verlassen. Sie müssen eine gesunde Skepsis kultivieren, Fakten überprüfen und Informationen mit Querverweisen versehen, bevor sie wichtige Entscheidungen treffen. Ebenso wichtig ist es, eine Kultur zu fördern, in der sich die Teammitglieder ermächtigt fühlen, Informationen zu hinterfragen und zu überprüfen, um sicherzustellen, dass das Unternehmen nicht durch Halbwahrheiten oder völlige Unwahrheiten beeinflusst wird.

Die Schnelligkeit, mit der Informationen fließen, bedeutet auch, dass das Unternehmensumfeld ständig in Bewegung ist. Führungspersönlichkeiten können es sich nicht mehr leisten, in ihren Strategien statisch oder zu starr zu sein. Agilität und Anpassungsfähigkeit sind von größter Bedeutung. Das bedeutet nicht, dass man launisch ist oder ständig den Kurs wechselt, sondern vielmehr, dass man sich auf Veränderungen im Umfeld einstellt und bereit ist, bei Bedarf umzuschwenken. Es geht darum, eine klare Vision zu haben, aber flexibel zu sein, was die Wege zur Erreichung dieser Vision angeht.

Das Informationszeitalter hat auch die Bedeutung von Transparenz in der Führung verstärkt. Da die Stakeholder Zugang zu riesigen Daten- und Informationsmengen haben, werden die Führungskräfte immer genauer unter die Lupe genommen. Authentizität, Offenheit und Verantwortlichkeit werden in dieser Zeit zu Eckpfeilern einer effektiven Führung. Führungskräfte müssen proaktiv kommunizieren, auf Bedenken eingehen und sowohl Erfolge als auch Lehren aus Misserfolgen aufzeigen.

Das Informationszeitalter mit seinen riesigen Datenbeständen und schnellen Verbreitungskanälen hat Führung neu definiert. Es erfordert eine neue Art von Führungskräften - solche, die anspruchsvoll, flexibel, transparent und kooperativ sind. So vielfältig die Herausforderungen sind, so groß sind auch die Chancen. Führungskräfte, die sich in dieser komplizierten Landschaft zurechtfinden, werden an vorderster Front Fortschritt, Innovation und nachhaltiges Wachstum in ihren Unternehmen vorantreiben.

Digitale Ethik, Datenschutz und Cybersicherheit in Führungspositionen

Beim Navigieren in der digitalen Welt geht es nicht mehr nur um die Nutzung von Technologie für betriebliche Effizienz oder Marktvorteile, sondern auch um die Sicherstellung ethischer Praktiken in dieser neuen Landschaft. Die digitale Ethik berührt das Wesen des Online-Verhaltens von Unternehmen, und die Führungskräfte stehen an vorderster Front, wenn es darum geht, diese Standards festzulegen und aufrechtzuerhalten.

Die digitale Welt hat die Reichweite und die Auswirkungen von Entscheidungen vergrößert. Eine einzige Datenschutzverletzung kann sich nicht nur auf den Gewinn eines Unternehmens auswirken, sondern auch seinen Ruf unwiederbringlich schädigen. Ebenso kann der Missbrauch von Kundendaten zu einem Vertrauensverlust führen, was im digitalen Zeitalter von größter Bedeutung ist. Für Führungskräfte bedeutet dies, dass ethische Überlegungen nicht nur eine Ergänzung, sondern ein zentraler Bestandteil der Geschäftsstrategie sind.

Der Datenschutz hat sich zu einem Eckpfeiler der digitalen Ethik entwickelt. Da Unternehmen riesige Datenmengen sammeln, ist es von entscheidender Bedeutung, wie diese Daten gehandhabt, gespeichert und verwendet werden. Führungskräfte müssen dem Schutz von Nutzerdaten Priorität einräumen und sicherstellen, dass sie nur für den vorgesehenen Zweck verwendet werden. Darüber hinaus ist die Transparenz der Datenpraktiken von entscheidender Bedeutung. Die Benutzer sollten wissen, welche Daten gesammelt werden, warum sie gesammelt werden und wie sie verwendet werden. Unternehmen sollten proaktiv ihre Datenpolitik kommunizieren und eine informierte Zustimmung einholen.

Cybersicherheit ist eine weitere wichtige Facette der digitalen Führung. Da Cyber-Bedrohungen immer raffinierter werden, müssen Führungskräfte mit den neuesten Sicherheitsmaßnahmen vertraut sein und sicherstellen, dass ihre Organisationen gegen potenzielle Verstöße gewappnet sind. Dabei geht es nicht nur um die richtige Technologie, sondern auch darum, eine Kultur des Cybersecurity-Bewusstseins zu kultivieren. Jedes Teammitglied, von der Einstiegsebene bis zur Führungsebene, sollte über die Bedeutung der Cybersicherheit und die Rolle, die sie beim Schutz der digitalen Ressourcen des Unternehmens spielen, aufgeklärt werden.

Führungspersönlichkeiten müssen sich auch mit den ethischen Auswirkungen neuer Technologien auseinandersetzen. Von künstlicher Intelligenz bis hin zur Biometrie - neue Technologien bewegen sich oft auf einem schmalen Grat zwischen Innovation und ethischen Bedenken. Führungskräfte müssen die Auswirkungen dieser Technologien kritisch bewerten und sicherstellen, dass ihr Einsatz mit der ethischen Haltung des Unternehmens und den Erwartungen der Gesellschaft im Allgemeinen in Einklang steht.

Die digitale Welt ist ein Raum, in dem die Grenzen zwischen privat und beruflich, zwischen öffentlich und privat verschwimmen. Führungskräfte müssen mehr denn je ein ethisches Verhalten an den Tag legen, denn sie wissen, dass ihre Handlungen im Internet überprüft werden können und werden. Ihr digitaler Fußabdruck dient als Zeugnis ihres Charakters und der Werte, für die sie eintreten.

Globale Herausforderungen und Führungsqualitäten

In einer Zeit, die von einer beispiellosen Vernetzung geprägt ist, hat sich die Definition von Führung verändert. Die Führungskräfte von heute navigieren nicht nur durch ihr unmittelbares Umfeld, sondern auch durch eine weitläufige und komplizierte globale Landschaft, die voller Herausforderungen, aber auch voller Chancen ist.

Die Fortschritte in der Kommunikationstechnologie und im Verkehrswesen haben die Welt näher zusammenrücken lassen als je zuvor. Unternehmen können sich nun an ein weltweites Publikum wenden, Kooperationen erstrecken sich über Kontinente, und Ereignisse in einer Ecke des Globus können sich auf Wirtschaft und Gesellschaft auswirken, die Tausende von Kilometern entfernt sind. Diese Verflechtung bringt jedoch auch eine Reihe von Herausforderungen mit sich. Informationsüberflutung, die rasche Verbreitung von Fehlinformationen, das Aufeinandertreffen unterschiedlicher Kulturen und der globale Wettbewerb sind nur einige der Hürden, die Führungskräfte überwinden müssen.

In dem Maße, in dem Unternehmen ihren Horizont erweitern, finden sich Führungskräfte an der Spitze vielfältiger Teams wieder, in die jedes Mitglied seine eigenen kulturellen Nuancen einbringt. Für Führungskräfte ist es von entscheidender Bedeutung, kulturelle Intelligenz zu kultivieren und die unterschiedlichen Perspektiven, die multikulturelle Teams bieten, zu erkennen, zu respektieren und zu nutzen. Es geht nicht nur darum, Missverständnisse zu vermeiden, sondern auch darum, die Vielfalt als starke Innovationsquelle zu begreifen.

Die letzten Jahrzehnte haben gezeigt, wie unvorhersehbar die globalen Herausforderungen sind. Ob es sich nun um die weitreichenden Folgen von Finanzkrisen oder die globalen Auswirkungen von Gesundheitskrisen wie der COVID-19-Pandemie handelt, Führungskräfte müssen in der Lage sein, ihre Organisationen durch turbulente Zeiten zu steuern. Dies erfordert Weitsicht, Anpassungsfähigkeit, Widerstandsfähigkeit und die Bereitschaft, Entscheidungen auf der Grundlage von Daten und Empathie zu treffen.

Führen in einem globalen Kontext ist sowohl eine Kunst als auch eine Wissenschaft. Es erfordert von den Führungskräften, ihren Blickwinkel zu erweitern und die globalen Auswirkungen ihrer Entscheidungen zu berücksichtigen, gleichzeitig aber auch tief in ihrem lokalen Umfeld verwurzelt zu bleiben und die unmittelbaren Bedürfnisse und Feinheiten ihrer Gemeinschaften zu verstehen. Es ist ein heikles Gleichgewicht, aber eines, das in unserer zunehmend globalisierten Welt unerlässlich ist.

Nachhaltige Führung

Die Diskussion über Nachhaltigkeit geht längst über den Bereich der Umweltbelange hinaus. Das Thema stammt zwar ursprünglich aus dem Bereich des Umweltschutzes, doch umfasst es heute die gesamte Struktur der Führung in allen Sektoren und Branchen. Nachhaltige Führung geht über die herkömmliche Definition von Nachhaltigkeit hinaus - es geht darum, heute die Grundlagen für eine widerstandsfähige, florierende Zukunft zu schaffen.

Nachhaltige Führung bedeutet im Kern, Langfristigkeit über schnelle Erfolge zu stellen. In einer Welt, die von Quartalsergebnissen und kurzfristigen Kennzahlen bestimmt wird, kann dies ein schwieriger Paradigmenwechsel sein. Nachhaltige Führungskräfte wissen jedoch, wie wichtig es ist, unmittelbare Ergebnisse mit einer langfristigen Vision in Einklang zu bringen. Es geht nicht darum, die Bedeutung des Erreichens unmittelbarer

Ziele zu vernachlässigen, sondern darum, sicherzustellen, dass diese kurzfristigen Erfolge nicht auf Kosten des langfristigen Erfolgs und der Stabilität gehen.

Man kann nicht über nachhaltige Führung sprechen, ohne die Themen Ethik und soziale Verantwortung der Unternehmen anzusprechen. Diese Elemente sind zu Eckpfeilern für moderne Unternehmen geworden. Stakeholder, von Kunden bis hin zu Investoren, bewerten Unternehmen zunehmend auf der Grundlage ihrer ethischen Haltung und ihres Beitrags zur Verbesserung der Gesellschaft. Hier spielen die Führungskräfte eine zentrale Rolle. Sie geben den Ton an, treffen wichtige Entscheidungen und sorgen dafür, dass die Werte und Handlungen des Unternehmens übereinstimmen.

Nachhaltige Führung rückt auch die kritische Diskussion über ökologische Nachhaltigkeit in den Vordergrund. Während sich die Weltgemeinschaft mit den Folgen des Klimawandels auseinandersetzt, befinden sich Führungskräfte in einer einzigartigen Position, um positive Veränderungen voranzutreiben. Indem sie sich für grüne Initiativen, die Reduzierung von Abfall und die Förderung nachhaltiger Praktiken einsetzen, können sie nicht nur den ökologischen Fußabdruck ihrer Organisation verringern, sondern auch andere dazu inspirieren, es ihnen gleichzutun.

Nachhaltige Führung erstreckt sich auch auf den Bereich der sozialen Gerechtigkeit. Da die gesellschaftlichen Diskussionen über Ungleichheit und Gerechtigkeit an Dynamik gewinnen, müssen Führungskräfte an vorderster Front für Inklusion, Vielfalt und Fairness eintreten. Dabei geht es nicht nur darum, "das Richtige zu tun". Vielfältige und integrative Teams sind nachweislich innovativer, widerstandsfähiger und leistungsfähiger.

Bei nachhaltiger Führung geht es um Weitsicht, Verantwortung und ganzheitliches Denken. Führungskräfte, die sich diese Philosophie zu eigen machen, reagieren nicht nur auf die Gegenwart, sondern gestalten proaktiv die Zukunft und sorgen dafür, dass ihre Führung ein dauerhaftes, positives Vermächtnis für kommende Generationen hinterlässt.

Durch die Brille von Geschichte, Theorie, Praxis und Zukunftsprognosen wird deutlich, dass Führung weder stagniert noch vorhersehbar ist. Vielmehr handelt es sich um einen sich ständig weiterentwickelnden Wandteppich, der mit den Fäden gesellschaftlicher Veränderungen, technologischen Fortschritts und den zeitlosen Prinzipien menschlicher Beziehungen verwoben ist.

Wenn ich über die Reise nachdenke, die ich auf diesen Seiten unternommen habe, kommen einige wichtige Erkenntnisse zum Vorschein. Erstens geht es bei der Zukunft der Führung nicht nur darum, zu verstehen oder vorherzusagen, was morgen sein könnte. Es geht darum, die Anpassungsfähigkeit und Belastbarkeit zu besitzen, um sich im Unbekannten zurechtzufinden und selbst im Angesicht der Ungewissheit fundierte Entscheidungen zu treffen. Dies erfordert von den Führungskräften sowohl die Voraussicht, Herausforderungen zu antizipieren, als auch die Agilität, sich den Gegebenheiten anzupassen.

Bei allem Wandel und aller Ungewissheit, die die Zukunft mit sich bringen mag, bleibt das Wesen der Führung in einigen zeitlosen Wahrheiten verwurzelt. Im Kern geht es bei der Führung darum, andere zu beeinflussen und auf ein gemeinsames Ziel hinzuführen. Es geht darum, Vertrauen aufzubauen, die Zusammenarbeit zu fördern und ein Umfeld zu schaffen, in dem sich jeder Einzelne wertgeschätzt und gestärkt fühlt. Diese Grundsätze sind zwar einfach, aber in ihrer Wirkung tiefgreifend und bleiben unabhängig von der jeweiligen Epoche oder Zeit relevant.

Eine weitere hervorstechende Überlegung ist der unverzichtbare Wert des ständigen Lernens. Die Führungskräfte von morgen werden nicht nur diejenigen sein, die über eine Fülle von Wissen verfügen, sondern auch diejenigen, die eine unstillbare Neugier haben. In einer Welt, die sich schnell verändert, ist die wertvollste Währung nicht unbedingt das, was man weiß, sondern wie man lernt. Die Einstellung zu ständigem Wachstum, bei der jede Erfahrung zu einer Gelegenheit zum Lernen und zur Reflexion wird, wird von größter Bedeutung sein.

Wenn wir unseren Blick auf den Horizont richten, erkennen wir die immense Verantwortung, die auf den Schultern der nächsten Generation von Führungskräften ruht. Ihnen bieten wir nicht nur das in diesem Text enthaltene Wissen an, sondern auch einen klaren Aufruf zum Handeln. Die Herausforderungen der Zukunft werden Führungspersönlichkeiten erfordern, die nicht nur vorbereitet und proaktiv, sondern auch prinzipientreu sind. Führungskräfte, die über Strategie und Vision hinaus von einem starken moralischen Kompass getragen werden, der ihre Entscheidungen und ihr Handeln leitet.

Bei der Führung in ihrer ganzen Größe geht es nicht nur darum, andere zu führen. Es ist eine Reise der Selbstentdeckung, des Verständnisses der eigenen Werte, Stärken und Ziele. Es geht darum, ein Vermächtnis zu hinterlassen, eine unauslöschliche Spur im Sand der Zeit zu hinterlassen. An alle angehenden Führungskräfte, die dies lesen: Mögen Sie mit Herz und Verstand führen und mit dem unerschütterlichen Glauben, dass Sie in dieser Welt etwas bewirken können. Die Zukunft winkt, und sie ist vielversprechend.

Referenzen

Introduction

Bass, B. M. (1999). Two decades of research and development in transformational leadership. European Journal of Work and Organizational Psychology, 8(1), 9-32.

Cialdini, R. B. (2001). Influence: Science and practice (4th ed.). Boston: Allyn & Bacon.

Fiedler, F. E. (1967). A theory of leadership effectiveness. New York: McGraw-Hill.

Festinger, L. (1957). A theory of cognitive dissonance. Stanford, CA: Stanford University Press.

Goleman, D. (1995). Emotional intelligence. New York: Bantam.

Greenleaf, R. K. (1977). Servant leadership: A journey into the nature of legitimate power and greatness. Mahwah, NJ: Paulist Press.

Janis, I. L. (1972). Victims of groupthink. Boston: Houghton Mifflin.

Kahneman, D., & Tversky, A. (1984). Choices, values, and frames. American Psychologist, 39(4), 341.

Lewin, K., Lippitt, R., & White, R. K. (1939). Patterns of aggressive behavior in experimentally created social climates. Journal of Social Psychology, 10, 271-299.

Maslow, A. H. (1943). A theory of human motivation. Psychological Review, 50, 370-396.

Northouse, P. G. (2018). Leadership: Theory and practice (8th ed.). Thousand Oaks, CA: Sage Publications.

Shannon, C. E., & Weaver, W. (1949). The mathematical theory of communication. Urbana: University of Illinois Press.

Stogdill, R. M. (1948). Personal factors associated with leadership: A survey of the literature. Journal of Psychology, 25, 35-71.

Tversky, A., & Kahneman, D. (1974). Judgment under uncertainty: Heuristics and biases. Science, 185, 1124-1131.

Yukl, G. (2012). Leadership in organizations (8th ed.). Upper Saddle River, NJ: Prentice Hall.

Zaccaro, S. J. (2007). Trait-based perspectives of leadership. American Psychologist, 62(1), 6.

Zigarmi, P., & Roberts, T. P. (2017). Leadership strategies for creating a high-involvement workplace. Journal of Leadership Studies, 10(4), 6-15.

Chapter 1

Chemers, M. M. (1997). An integrative theory of leadership. Lawrence Erlbaum Associates Publishers.

Covey, S. R. (1990). The Seven Habits of Highly Effective People: Restoring the Character Ethic. New York: Free Press.

Drucker, P. (2001). The Essential Drucker: Selections from the Management Works of Peter F. Drucker. New York: HarperBusiness.

Gardner, H. (1995). Leading Minds: An Anatomy of Leadership. Basic Books.

Goleman, D. (2000). Leadership that gets results. Harvard Business Review, 78(2), 78-90.

Heifetz, R. A. (1994). Leadership without easy answers. Cambridge, MA: Belknap Press.

Kouzes, J. M., & Posner, B. Z. (1995). The Leadership Challenge: How to Make Extraordinary Things Happen in Organizations. San Francisco: Jossey-Bass.

Maxwell, J. C. (1993). Developing the Leader Within You. Nashville, TN: Thomas Nelson.

Northouse, P. G. (2015). Leadership: Theory and Practice. Los Angeles: Sage Publications.

Rost, J. C. (1991). Leadership for the Twenty-First Century. New York: Praeger.

Senge, P. M. (1990). The Fifth Discipline: The Art & Practice of The Learning Organization. Doubleday.

Shamir, B., House, R. J., & Arthur, M. B. (1993). The motivational effects of charismatic leadership: A self-concept-based theory. Organization Science, 4(4), 577-594.

Yukl, G. (2012). Leadership in Organizations. Upper Saddle River, NJ: Prentice Hall.

Zaleznik, A. (1977). Managers and leaders: Are they different? Harvard Business Review, 55(5), 67-78

Chapter 2

Avolio, B. J., & Gardner, W. L. (2005). Authentic leadership development: Getting to the root of positive forms of leadership. The Leadership Quarterly, 16(3), 315-338.

Bass, B. M. (1985). Leadership and performance beyond expectations. Free Press.

Blake, R. R., & Mouton, J. S. (1964). The managerial grid. Houston, TX: Gulf Publishing Co.

Brown, M. E., & Treviño, L. K. (2006). Ethical leadership: A review and future directions. The Leadership Quarterly, 17(6), 595-616.

Burns, J. M. (1978). Leadership. New York: Harper & Row.

Carlyle, T. (1841). On Heroes, Hero-Worship, and The Heroic in History. London: James Fraser.

Fiedler, F. E. (1967). A theory of leadership effectiveness. New York: McGraw-Hill.

Greenleaf, R. K. (1977). Servant leadership: A journey into the nature of legitimate power and greatness. Paulist Press.

Gronn, P. (2002). Distributed leadership as a unit of analysis. The Leadership Quarterly, 13(4), 423-451.

Hersey, P., & Blanchard, K. H. (1969). Life cycle theory of leadership. Training & Development Journal.

House, R. J., Hanges, P. J., Javidan, M., Dorfman, P. W., & Gupta, V. (2004). Culture, Leadership, and Organizations: The GLOBE Study of 62 Societies. Thousand Oaks: Sage Publications.

Stogdill, R. M. (1948). Personal factors associated with leadership: A survey of the literature. Journal of Psychology, 25, 35-71.

Chapter 3

Bar-On, R. (1997). Emotional quotient inventory: Technical manual. Toronto, Canada: Multi-Health Systems.

Bass, B. M., & Riggio, R. E. (2006). Transformational leadership. Psychology Press.

Costa, P. T., & McCrae, R. R. (1992). Revised NEO Personality Inventory (NEO-PI-R) and NEO Five-Factor Inventory (NEO-FFI) manual. Odessa, FL: Psychological Assessment Resources.

Furnham, A., Richards, S. C., & Paulhus, D. L. (2013). The Dark Triad of personality: A 10-year review. Social and Personality Psychology Compass, 7(3), 199-216.

Goleman, D. (1995). Emotional intelligence. New York: Bantam Books.

Greenleaf, R. K. (1977). Servant leadership: A journey into the nature of legitimate power and greatness. Paulist Press.

Judge, T. A., Bono, J. E., Ilies, R., & Gerhardt, M. W. (2002). Personality and leadership: A qualitative and quantitative review. Journal of Applied Psychology, 87(4), 765-780.

Mayer, J. D., & Salovey, P. (1997). What is emotional intelligence? In P. Salovey & D. Sluyter (Eds.), Emotional development and emotional intelligence: Educational implications (pp. 3-34). Basic Books.

Paulhus, D. L., & Williams, K. M. (2002). The Dark Triad of personality: Narcissism, Machiavellianism, and psychopathy. Journal of Research in Personality, 36(6), 556-563.

Rosenthal, S. A., & Pittinsky, T. L. (2006). Narcissistic leadership. The Leadership Quarterly, 17(6), 617-633.

Salovey, P., & Mayer, J. D. (1990). Emotional intelligence. Imagination, Cognition, and Personality, 9(3), 185-211.

Smith, M. B., Bruner, J. S., & White, R. W. (1956). Opinions and personality. New York: Wiley.

Van Vugt, M., Hogan, R., & Kaiser, R. B. (2008). Leadership, followership, and evolution: Some lessons from the past. American Psychologist, 63(3), 182-196.

Chapter 4

Asch, S. E. (1951). Effects of group pressure upon the modification and distortion of judgments. Carnegie Press.

Bass, B. M., & Bass, R. (2008). The Bass Handbook of Leadership: Theory, Research, and Managerial Applications. Free Press.

Cialdini, R. B. (2001). Influence: Science and practice (4th ed.). Boston: Allyn & Bacon.

Festinger, L. (1957). A theory of cognitive dissonance. Stanford University Press.

French, J. R., & Raven, B. (1959). The bases of social power. In D. Cartwright (Ed.), Studies in Social Power (pp. 150-167). Institute for Social Research.

Janis, I. L. (1972). Victims of groupthink. Boston: Houghton Mifflin.

Keltner, D., Gruenfeld, D. H., & Anderson, C. (2003). Power, approach, and inhibition. Psychological Review, 110(2), 265-284.

Lewin, K. (1947). Frontiers in group dynamics: Concept, method and reality in social science; social equilibria and social change. Human Relations, 1(1), 5-41.

Milgram, S. (1974). Obedience to authority: An experimental view. Harpercollins.

Sherif, M. (1936). The psychology of social norms. Harper & Brothers.

Tajfel, H., & Turner, J. C. (1979). An integrative theory of intergroup conflict. In W. G. Austin & S. Worchel (Eds.), The social psychology of intergroup relations (pp. 33-47). Brooks/Cole.

Tannenbaum, A. S. (1968). Control in organizations. McGraw-Hill.

Tuckman, B. W. (1965). Developmental sequence in small groups. Psychological Bulletin, 63(6), 384-399.

Weber, M. (1947). The theory of social and economic organization. Free Press.

Yukl, G. (2012). Leadership in organizations (8th ed.). Prentice Hall.

Zimbardo, P. G. (2007). The Lucifer effect: Understanding how good people turn evil. Random House.

Chapter 5

Adler, N. J. (1997). International dimensions of organizational behavior (3rd ed.). South-Western Cengage Learning.

Catalyst. (2007). The double-bind dilemma for women in leadership: Damned if you do, doomed if you don't. Catalyst Inc.

Cox, T. (1994). Cultural diversity in organizations: Theory, research, and practice. Berrett-Koehler Publishers.

Eagly, A. H., & Carli, L. L. (2007). Through the labyrinth: The truth about how women become leaders. Harvard Business School Press.

Gudykunst, W. B. (2005). Theorizing about intercultural communication. SAGE Publications.

Hofstede, G., & Hofstede, G. J. (2005). Cultures and organizations: Software of the mind (2nd ed.). McGraw-Hill.
House, R. J., Hanges, P. J., Javidan, M., Dorfman, P. W., & Gupta,

V. (2004). Culture, leadership, and organizations: The GLOBE study of 62 societies. SAGE Publications.

Ibarra, H., Ely, R., & Kolb, D. (2013). Women rising: The unseen barriers. Harvard Business Review, 91(9), 60-66.

Kanter, R. M. (1977). Men and women of the corporation. Basic Books.

Kimmel, M. (2017). The gendered society. Oxford University Press.

Morrison, A. M., White, R. P., & Van Velsor, E. (1992). Breaking the glass ceiling: Can women reach the top of America's largest corporations? Addison-Wesley.

Nkomo, S. M. (1992). The emperor has no clothes: Rewriting "race in organizations." The Academy of Management Review, 17(3), 487-513.

Northouse, P. G. (2018). Leadership: Theory and practice (8th ed.). SAGE Publications.

Rosener, J. B. (1990). Ways women lead. Harvard Business Review, 68(6), 119-125.

Sandberg, S. (2013). Lean in: Women, work, and the will to lead. Knopf.

Triandis, H. C. (2006). Cultural intelligence in organizations. Group & Organization Management, 31(1), 20-26.

Chapter 6

Argyris, C., & Schön, D. A. (1978). Organizational learning: A theory of action perspective. Addison-Wesley.

Daft, R. L. (2017). Organization theory & design (12th ed.). Cengage Learning.

Festinger, L. (1957). A theory of cognitive dissonance. Stanford University Press.

Greenberg, J., & Baron, R. A. (2008). Behavior in organizations (9th ed.). Pearson/Prentice Hall.

Hackman, J. R., & Wageman, R. (2005). A theory of team coaching. Academy of Management Review, 30(2), 269-287.

Herzberg, F. (1966). Work and the nature of man. World Publishing.

Judge, T. A., & Robbins, S. P. (2017). Essentials of organizational behavior (14th ed.). Pearson.

Kanter, R. M. (1983). The change masters: Innovation & entrepreneurship in the American corporation. Simon & Schuster.

Lewin, K. (1947). Frontiers in group dynamics. Human Relations, 1(1), 5-41.

Maslow, A. H. (1943). A theory of human motivation. Psychological Review, 50(4), 370-396.

Robbins, S. P., & Coulter, M. (2016). Management (13th ed.). Pearson.

Schein, E. H. (2010). Organizational culture and leadership (4th ed.). Jossey-Bass.

Chapter 7

Bandura, A. (1977). Social learning theory. Prentice-Hall.

Collins, J. C. (2001). Good to great: Why some companies make the leap... and others don't. Harper Business.

Covey, S. R. (1989). The 7 habits of highly effective people. Free Press.

Drucker, P. F. (2007). The essential Drucker. Harpercollins.

Gladwell, M. (2000). The tipping point: How little things can make a big difference. Little, Brown and Company.

Heifetz, R. A., & Linsky, M. (2002). Leadership on the line: Staying alive through the dangers of leading. Harvard Business Review Press.

Herzberg, F. (1987). One more time: How do you motivate employees?. Harvard Business Review, 65(5), 109-120.

Kotter, J. P. (1996). Leading change. Harvard Business Press.

Locke, E. A., & Latham, G. P. (2002). Building a practically useful theory of goal setting and task motivation. American Psychologist, 57(9), 705.

Mintzberg, H. (1979). The structuring of organizations. Prentice-Hall.

Pink, D. H. (2009). Drive: The surprising truth about what motivates us. Riverhead Books.

Porter, M. E. (1985). Competitive advantage: Creating and sustaining superior performance. Free Press.

Senge, P. M. (1990). The fifth discipline: The art & practice of the learning organization. Doubleday.

Tuckman, B. W. (1965). Developmental sequence in small groups. Psychological Bulletin, 63(6), 384.
Yukl, G. A. (2012). Leadership in organizations (8th ed.). Pearson.

Chapter 8

Badaracco, J. L. (2002). Leading quietly: An unorthodox guide to doing the right thing. Harvard Business Press.

Bass, B. M., & Steidlmeier, P. (1999). Ethics, character, and authentic transformational leadership behavior. Leadership Quarterly, 10(2), 181-217.

Brown, M. E., Treviño, L. K., & Harrison, D. A. (2005). Ethical leadership: A social learning perspective for construct development and testing. Organizational Behavior and Human Decision Processes, 97(2), 117-134.

Ciulla, J. B. (Ed.). (2004). Ethics, the heart of leadership (2nd ed.). Praeger.

Greenleaf, R. K. (1977). Servant leadership: A journey into the nature of legitimate power and greatness. Paulist Press.

Kidder, R. M. (2005). Moral courage: Taking action when your values are put to the test. HarperCollins.

Kohlberg, L. (1981). Essays on moral development, Vol. I: The philosophy of moral development. Harper & Row.

Northouse, P. G. (2018). Ethical leadership. In Leadership: Theory and practice (8th ed., pp. 359-390). Sage Publications.

Price, T. L. (2008). Leadership ethics: An introduction. Cambridge University Press.

Rest, J. R. (1986). Moral development: Advances in research and theory. Praeger.

Treviño, L. K., & Brown, M. E. (2004). Managing to be ethical: Debunking five business ethics myths. Academy of Management Executive, 18(2), 69-81.

Werhane, P. H. (2008). Moral imagination and the search for ethical decision-making in management. Ruffin Series in Business Ethics, 219-234.

Yukl, G., Mahsud, R., Hassan, S., & Prussia, G. E. (2013). An improved measure of ethical leadership. Journal of Leadership & Organizational Studies, 20(1), 38-48.

Chapter 9

Avolio, B. J., & Yammarino, F. J. (Eds.). (2013). Transformational and charismatic leadership: The road ahead. Emerald Group Publishing.

Bass, B. M., & Riggio, R. E. (2006). Transformational leadership (2nd ed.). Psychology Press.

Burns, J. M. (1978). Leadership. Harper & Row.

Chait, R. P., Ryan, W. P., & Taylor, B. E. (2011). Governance as leadership: Reframing the work of nonprofit boards. John Wiley & Sons.

Chemers, M. M. (2014). An integrative theory of leadership. Psychology Press.

Conger, J. A. (1999). Charismatic and transformational leadership in organizations: An insider's perspective on these developing streams of research. Leadership Quarterly, 10(2), 145-179.

Crosby, B. C., & Bryson, J. M. (2018). Leadership for the common good: Tackling public problems in a shared-power world (3rd ed.). Jossey-Bass.

Heifetz, R. A. (1994). Leadership without easy answers. Harvard University Press.

Hollander, E. P. (2012). Inclusive leadership: The essential leader-follower relationship. Routledge.

Kanter, R. M. (2011). SuperCorp: How Vanguard Companies Create Innovation, Profits, Growth, and Social Good. Crown Business.

Kotter, J. P. (2012). Leading change. Harvard Business Press.

Mintzberg, H. (2009). Managing. Berrett-Koehler Publishers.

Morse, R. S., Buss, T. F., & Kinghorn, C. M. (2007). Transformative public leadership: A new paradigm for the 21st century. Public Administration Review, 67(5), 779-787.

O'Toole, J., Galbraith, J., & Lawler III, E. E. (2002). When two (or more) heads are better than one: The promise and pitfalls of shared leadership. California Management Review, 44(4), 65-83.

Tichy, N. M., & Cohen, E. (2002). The leadership engine: How winning companies build leaders at every level. HarperCollins.

Warren, D. I. (1976). The American community college: A reconsideration. Jossey-Bass.

Yukl, G. (2010). Leadership in organizations (7th ed.). Prentice Hall.

Chapter 10

Avolio, B. J., Walumbwa, F. O., & Weber, T. J. (2009). Leadership: Current theories, research, and future directions. Annual Review of Psychology, 60, 421-449.

Bennis, W. (2009). On becoming a leader. Basic Books.

Bower, J. L., & Yves, D. L. (2011). The future of leadership. Harvard Business Review.

Cogliser, C. C., & Brigham, K. H. (2004). The intersection of leadership and entrepreneurship: Mutual lessons to be learned. The Leadership Quarterly, 15(6), 771-799.

Drucker, P. F. (2008). Management challenges for the 21st century. HarperCollins.

Ferdig, M. A. (2007). Sustainability leadership: Co-creating a sustainable future. Journal of Change Management, 7(1), 25-35.

Hanna, N. K. (2017). Transformation of global development: Emerging trends and future implications. Rowman & Littlefield.

Heifetz, R., Grashow, A., & Linsky, M. (2009). The practice of adaptive leadership: Tools and tactics for changing your organization and the world. Harvard Business Press.

Kanter, R. M. (2012). Evolve!: Succeeding in the digital culture of tomorrow. Harvard Business Press.

Mendenhall, M. E., Osland, J., Bird, A., Oddou, G. R., & Maznevski, M. L. (2012). Global leadership: Research, practice, and development (2nd ed.). Routledge.

Pfeffer, J. (2010). Power play. Harvard Business Review, 88(7/8), 84-92.

Ready, D. A., Hill, L. A., & Conger, J. A. (2008). Winning the race for talent in emerging markets. Harvard Business Review, 86(11), 62.

Senge, P. M., Smith, B., Kruschwitz, N., Laur, J., & Schley, S. (2008). The necessary revolution: How individuals and organizations are working together to create a sustainable world. Doubleday.

Tapscott, D., & Williams, A. D. (2008). Wikinomics: How mass collaboration changes everything. Portfolio.

Wheatley, M. (2007). Leadership in the age of complexity: From hero to host. Resurgence Magazine.